U0556778

守望者
The Catcher

阅读　你的生活

[英] 伯特兰·罗素（Bertrand Russell）——著

郑伟平——译

罗素哲学译丛

哲学问题

The
Problems
of
Philosophy

中国人民大学出版社
·北京·

新版导言：
《哲学问题》在哲学中的位置

　　罗素的《哲学问题》（*The Problems of Philosophy*）出版于1912年，迄今已有110年。它多年来一直被用作世界各地的哲学导论课程的教科书。基于它自身的地位，它后来成为一部具有历史意义的作品。当然，在课程中使用到《哲学问题》的人们，将会注意到一些章节不是非常基础的，对于那些从当代视角看待该作品的人而言，这些章节包含着一些看起来晦涩难懂的学说。有些教授可能觉得，第十二章的感觉材料或者不为人所熟悉的多元关系判断理论是不值得解释的。这本书也可能看起来是过时的，或许实际上现在只具有历史意义。关于该书的这种观点是错误的，因为它的每一章所引入的议题，对于哲学家而言依然是非常重要的，即使是罗素的同时代哲学家们，诸如布拉德雷（F. H. Bradley）等，也已经逐渐不再被人们关注。

1920年，罗素在北京进行了一系列被称为"哲学问题"的讲座，它覆盖了一些不同的主题。其中新的内容是关于因果本性与物理法则的。罗素的讲座内容是以中文出版的，而不是英文。当时新聘于清华大学的语言学家赵元任，在罗素用英文进行讲演的时候对之进行口译。记者们记下了赵元任的话语，并在中国的好几本期刊上加以出版，这些内容至今仍有发行。直到现在中国学者才有计划地把这些作品"返译"为英文，以帮助外国学者了解罗素最初的话语是什么。《哲学问题》多年来已经被多次翻译为中文。郑伟平的新译本意在表明，该书不仅是哲学史上的一部重要作品，还是一本生动的分析哲学导论。

近年来，罗素的亲知知识与描述知识的学说，已经被公认为是当前心灵哲学与语言哲学的许多议题的来源。他关于物理的结构实在论，一直得到科学哲学与心灵哲学领域的关注。在形而上学领域，第九章的普遍物理论已经重新得到了重视，罗素在第十四章中用以反对一元主义观念论的那些论证，仍然与当前关于实在结构的讨论有关。在知识论领域，罗素为我们带来了第一个后来被称为"盖梯尔反例"（Gettier cases）的案例，这个主题多年来引导着知识论领域。因此，中国的学生们能够把这本书当作介绍罗素哲学贡献的历史文本加以学习，这些贡献既构成了 1912 年的历史背景，又提出了分析哲学接下来一百年里所致力于解决的那些中心问题。

罗素研究者提出了各种问题。罗素自 1903 年的《数学原则》（*The Principles of Mathematics*）之后的工作主要集中于数学哲学，他为何着手写作一本关于一般哲学的书呢？作为罗素早期作品的主角，莱布尼茨为什么几乎没有出现在《哲学问题》之中呢？为什么罗素在关于真理与知识的章节中没有讨论威廉·詹姆斯（William James）① 和实用主义呢？关于他更为广泛地讨论过的包括贝克莱与康德在内的历史人物，罗素知道多少呢？这本书的内容如何解释？为什么该书中没有伦理学或宗教哲学，而且也不谈及数学哲学呢？

接下来，我们将尽力解答这些问题中的一部分，但不是全部，与此同时也将解释罗素的这本书在西方分析哲学的历史与当下处境中占有怎样的位置。

虽然没有现存的《哲学问题》手稿，但是在加拿大麦克马斯特大学（McMaster University）的伯特兰·罗素档案馆的论文与书信中，人们找到了罗素的工作记录。罗素关于《哲学问题》的工作历程，出版于《伯特兰·罗素文集》（*The Collected Papers of Bertrand Russell*）的第六卷。在格瑞芬（Nicholas Griffin）版本的罗素通信集中，也能够发现

---

① 译者注：威廉·詹姆斯（1842—1910），美国实用主义哲学家。

其中的一些信件。罗素与"家庭大学文库"（Home University Library）的编辑吉尔伯特·穆雷（Gilbert Murray）的通信，以及在罗素与奥特琳·莫蕾尔女士（Lady Ottoline Morrell）几乎每日往来的信件之中发现的未出版评论，是两个未公开的信息来源。

吉尔伯特·穆雷是一位古典学教授，他是罗素的多年好友。穆雷受雇于出版社威廉姆斯和诺盖特（Williams & Norgate），它开发过一个小书系列，每一本都是 256 页的标准小开本，面向大众市场，售价为一先令。（罗素曾开玩笑说这套书是他的"先令骇客"，这个名字曾被用于廉价畅销犯罪书籍。）阿尔弗雷德·怀特海（A. N. Whitehead），是罗素《数学原理》（*Principia Mathematica*）的合作者，他 1911 年也曾在同一系列丛书中出版过他的《数学导论》（*Introduction to Mathematics*）。摩尔（G. E. Moore）自从在 19 世纪 90 年代与罗素一同成为剑桥学生之后，便是罗素的哲学伙伴。他当时在写作他的著作《伦理学》（*Ethics*），1912 年这本书很快就在罗素的《哲学问题》之后出版了。

罗素与穆雷之间的风趣信件说明，罗素自己和我们同样觉得《哲学问题》是一本他所写作的非同寻常的书。这是 1910 年 9 月 19 日的信件：

> 我亲爱的贝蒂：
>
> 　　你给售货员讲了一些哲学，看起来你是想清楚了的，如果你不想告诉他们数学是什么，你能够不告诉他

们哲学是什么吗？你能够在不依赖传统学院派的情况下告诉他们哲学是什么，你还能够将所有主要问题用非常短的术语介绍出来。

这真的是一件很重要的事情。我个人不相信发行量能达到 15 000 册，但是出版社相信能达到；即使发行量只达到三分之一，它的出版也是非常重要的。

告诉我还有哪位哲学家能够做到：1. 非常富有活力与勇于创新；2. 具有民主精神，以至于他想要把他的思想和售货员们进行沟通；3. 在思想上是敏锐的且不摇摆或草率的。那样子的话，我将不再烦扰你。

你永远的吉尔伯特·穆雷

罗素同意了撰写一本哲学书，但是把这项工作留到了1911 学年快结束的时候，那时他刚被聘任为三一学院（Trinity College）的讲师。（罗素在 1916 年从三一学院离职，因为他反对英国参加第一次世界大战。）在 1910 年 10 月中旬到 1911 年 4 月的这个学期，罗素讲授的是数理逻辑。只有等到这个教学年结束之后，罗素才有时间写作他的这本书。

这些信件表明，在 1911 年的 6 月到 8 月，罗素很快就写完了《哲学问题》书稿。在这几个月里，他的其他工作还包括校订《数学原理》第二卷的付印本。第一卷已经在 1910 年 12 月交付印刷了，1911 年和 1912 年都在推进第二卷的工作。在夏天快结束的时候，罗素开始致力于另一本称为《牢笼》（Prisons）的伦理学作品，这本书最终没能完成。从

1903 年的《自由人的崇拜》（*A Free Man's Worship*）开始，罗素在个人危机时期会写作一些个人风格更为鲜明的哲学作品。这本《牢笼》的一部分手稿，出现在了《哲学问题》最后一章"哲学的价值"之中，而且提出了该书其他部分都有所涉及的思想观念。

罗素写作这本通俗读物的准备工作是教导他妻子的外甥女——卡琳·科斯特罗伊（Karin Costelloe），她正在准备大学的哲学考试。在 1911 年 3 月 25 日，他写信给奥特琳："这个假期我要教导她一些我自己也不是很懂的东西，因此我不得不努力工作，去习得它们。我自己还要在 7 月之前完成一本哲学通俗读物的写作工作，然而我迄今尚未动笔。上帝才知道我该怎么办，但是我必须完成它，因为我签订了合同。"在 1911 年 4 月 11 日罗素写道："在给卡琳上了一节关于洛克、休谟与抽象观念的课之后，我溜了出去，自己一个人散步走了很远。"

对于他所讨论到的那些历史人物，罗素是很熟悉的，这一点可见于他的个人藏书之中，加拿大的罗素档案馆保存了这些资料。虽然罗素在他所保存的经典著作上书写不多，但在《海拉斯与斐洛诺斯对话三篇》（*Three Dialogues between Hylas and Philonus*）的页边空白处有一些笔记。一处评论是罗素对于贝克莱的根本错误的早期总结："贝克莱的论证，绝对混淆了作为行动的观念（这是心灵的）与作为对象的观念（这是非心灵的）。"一些评论最终没有直接出现在《哲学问题》之中。在"我所感知到的，显然是我自己的观念"这一行的下方，罗素评论道："因此，我自己的观念不存在于我的心灵之中。贝克莱的论证倾向于表明感觉材料依赖于我们；他的结论是它们依赖于上帝。"

因此，为了写作《哲学问题》，罗素特意重读了贝克莱的作品，与此同时为了讨论《牢笼》这本书中的正义主题，罗素还与奥特琳一同阅读了柏拉图的《理想国》(*Republic*)，他们还一起阅读了斯宾诺莎。因此，这表明在他开始动笔之前，罗素已经研读了他在《哲学问题》末尾处的"参考读物"所列的每一本书，包括笛卡尔的《第一哲学沉思集》(*Meditations*)、斯宾诺莎的《伦理学》(*Ethics*)、休谟的《人类理解研究》(*Enquiry Concerning Human Understanding*)与康德的《未来形而上学导论》(*Prolegomena to any Future Metaphysic*)。

在 1911 年的夏天，罗素依次写完了这些章节。下列总结将表明，《哲学问题》仍然是许多哲学议题的有益导论，这些议题在当代依然吸引着分析哲学家们。

第一章是"表象与实在"。这一章的标题直接指向了布拉德雷的著作①，这位牛津哲学家的观念论是罗素所直接反对的。罗素对于感觉材料与物质的区分，很大程度上是基于

———————

① 译者注：此处指的是布拉德雷 1893 年的著作《表象与实在》(*Appearance and Reality：A Metaphysical Essay*)。

视角变化问题。为了说明这个议题，他提出了对于木桌的著名描述：

> 它看起来是长方形的、棕色的和有光泽的，摸起来是光滑的、凉的和坚硬的；当我敲击它的时候，它发出了木器才有的声音。任何人如果看到、摸到和听到这张桌子，都会同意这种描述，因此这看起来好像没有什么困难之处……虽然我相信这张桌子是"实际上"通体一色的，但是反光的部分看起来比其他部分更为明亮，并且出于反光的缘故，有些部分看起来是白色的。我还知道，如果我移动身体，桌子的反光部分就会有所不同，桌子表面的颜色分布就会有所改变。因此，如果几个人同时看着这张桌子，没有两个人会看到完全相同的颜色分布，因为没有两个人能够从完全相同的视角来看这张桌子，而且任何视角上的变化都会造成光线反射方式的改变。

罗素主张，我们不能认为这张物质性的桌子发生了本质特征的改变，这些改变只是源于针对它的观察视角的改变。我们所感受到的颜色分布的改变，一定不是"桌子所固有的，而是依赖于桌子、观察者以及光线投射到桌子上的方式"。在这个视觉场景上进行概括，罗素得出结论：感觉经验"不能被看作直接地揭示了桌子的某种确定性质，至多是某种性质的标志而已，这种性质也许造成了所有这些感觉，但它并不实际表现在任何感觉之中"。

在《哲学问题》的前言中，罗素承认他"从摩尔与凯恩斯（J. M. Keynes）① 的未出版作品那里得到了宝贵的帮助：前者有助于了解感觉材料与物理对象的关系，后者则有助于了解概率与归纳"。摩尔对于感觉材料的定义方式与罗素是相似的："我主张称呼这些东西——（我所看到的）颜色、大小或形状，为感觉材料，它们是由感觉所给定或呈现的东西，是我的视觉在这个场景中所看到的东西。"② 但罗素直接提出了论证——感觉材料不是物质的，与此同时，摩尔一如既往地审慎主张我们不能确定感觉材料揭示了对象的真实性质。

在第二章中，罗素考察了何种理由使得我们相信在感觉材料之外确实存在着一个物质世界。在考察与抛弃了那些不令人满意的诉诸常识的方式，以及诉诸公共对象进行主体间思想与言谈的需求之后，罗素认为，支持物质世界信念的一个有力理由，就是它受到了"每一条简单性原则"的驱动。特别是，物质世界的存在，是对于我们感觉材料的有序性与规律性的最佳解释。罗素以他关于我们对于一只猫的经验为例，说明了这一点：

---

① 译者注：约翰·凯恩斯（1883—1946），英国著名经济学家。凯恩斯在 20 世纪早期与拉姆赛（Frank Ramsey）等人讨论过概率问题，是客观贝叶斯主义的代表人物之一。

② 译者注：Moore, G. E. *Some Main Problems of Philosophy*. London：George Allen & Unwin, 1953：44.

如果这只猫在一个时间点出现在这个房间的一个角落，在另一个时间点出现在了另一个角落，我们自然假设它从这个地方移动到了那个地方，经过了一系列的中间位置。但如果它仅仅是一个感觉材料集合，它就不能够出现于任何我没有看到它的地方；因此，当我没有看到它的时候，我们将不得不假设它是根本不存在的，却突然闪现到一个新的地方。

罗素发现这种假设是更为合理的，即经验到的感觉材料的这种有序性来自一只猫的物质身体，它没有直接展现于感觉之中。他发现，如果我们所经验到的感觉材料是关于他人的行为的，那么对于这种感觉材料的复杂方式而言，这个假设是更有说服力的。他说道，当人们说话的时候，"难以设想我们所听到的东西不是思想的表达，因为我们知道，如果我们发出同样的声音，它也将表达我们的思想"。对于 20 世纪心灵哲学的哲学行为主义（philosophical behaviourism）的讨论而言，这个"他心问题"（problem of other minds）是一个重要的议题。

第二章还展现了罗素关于哲学方法论与哲学正确目标的思想。虽然在这一章的开始处，罗素讨论的是笛卡尔的方法论怀疑主义（methodological skepticism）用来证明"主观东西是最为确定的"这一论题的有效性，但与之不同的是，罗素坚持认为"当然，我们的所有或某个信念可能是错误的，因此所有信念应当至少稍加存疑"。这种评论表明，与之前对于《哲学问题》的许多解释相反，罗素没有支持笛卡尔的目标，即知识具有绝对确定性。

　　事实上，罗素进一步认为，那种流行的观点——哲学能够"为我们带来关于宇宙整体与终极实在本质的知识，其他方式是无法获得这种知识的"——是一个误导性的观点。取而代之，罗素主张的是如下所述的另一种哲学观点，它可能采用了反思平衡（reflective equilibrium）这个新近概念，得到的是一个关于前哲学信念的系统且融贯的体系。

　　　　哲学应该向我们展示我们本能信念（诸如物质世界信念）的体系，从我们最坚定持有的那些本能信念开始，尽可能孤立地展现每一个本能信念，尽可能使之与无关附加物分离开来。哲学应该用心表明，在它们的最终设定方式之中，我们的本能信念没有坍塌，反而构成了一个和谐系统。……因此，通过组织我们的本能信念与它们的后果，考察它们之中何者是最为可能的，如果有必要就加以修正或抛弃。在接受我们所本能相信的东西作为我们全部材料的基础上，我们便能够系统有序地组织我们的知识。虽然在这些知识中仍然存有错误的可能性，但是通过成分之间的交互以及通过之前所进行的批判性审查，这种可能性是得以减少的。

　　在第三章中，罗素考察了我们关于物质世界的知识的范围与限度，主要关注的是物理科学所提供的知识。在这里，

罗素给出了他关于物理的结构主义（structuralism）信念的
早期陈述：

> 科学赋予物质的唯一性质，只是空间位置，以及以
> 运动规律为根据的动量。科学没有否认它可以有其他性
> 质；即使有的话，这样一些其他性质对于科学工作者而
> 言也不是有用的……

从物理科学的这种结构化性质之中，罗素得到的一个重
要结论就是，我们对于物理世界的内在本质是高度无知的，
而且可能无法摆脱这种无知：

> 因此我们发现，虽然物理对象的这些关系具有所有
> 的可知性质……这些物理对象的固有性质依然是未知
> 的，至少就目前为止依靠感觉方式能够发现的范围
> 而言。

另外，罗素通过弗兰克·杰克逊（Frank Jackson）的知
识论证（knowledge argument）背后的核心直觉，得出了如
下结论：任何数量的物理知识都无法单独地完全刻画那些在
经验中呈现给我们的性质。

> 人们有时候说"光是一种波动"，但这种说法是误导
> 性的。我们直接看到了光，我们通过自己的感觉直接认识
> 到了光，光不是一种波动，而是完全不同的东西——只
> 要我们不是盲人，我们都会知道光，尽管我们无法通过

对光的描述把我们的知识传递给一位盲人。与之相反，我们可以非常好地向盲人描述波动……当人们说光是波的时候，实际意思是，波是我们对于光的感觉的物理起因。但就光本身而言，有视力的人们都能够体验到，盲人则不能体验到，它不是科学所预设的独立于我们与我们的感觉的这个世界的某个组成部分。

第四章中的观念论讨论的是贝克莱。在这一章中，罗素区分了感觉材料和观念，通过区分作为心灵对象的感觉材料与作为感知行为的感觉材料。罗素在这里表明他是哲学家弗朗茨·布伦塔诺（Franz Brentano）与他的学生阿莱修斯·迈农（Alexius Meinong）的意向心理学的早期拥趸。在放弃他的摹状词理论的"非存在对象"（诸如"圆的方"和"当今法国国王"）之后的很长一段时间里，罗素都在坚持这种理论。在这里，对于这种行为-对象的区分的讨论，也标示了罗素的观点——感觉材料是外在于主体的心灵的，这是一种不为大多数当今的感觉材料支持者所认可的观点。

当奥特琳读前四章的时候，罗素正在写作该书的剩余部分，并发生了向专门的知识论的转向。罗素知识论的中心在于两个关键区分：事物知识（knowledge of things）与真理知识（knowledge of truths）的区分，还有亲知知识（knowledge by acquaintance）与描述知识（knowledge by description）的区分。对于如何以最佳方式去理解这些关键概念，学术界依然存在着分歧。无论如何，罗素的区分的基本立场得到了相对广泛的认可。

事物知识指的是主体直接意识到个别物与普遍物，以至于该主体随时能够思考与谈论它们。与之相反，真理知识指的是主体对于他或她的意识的那些对象有着一种"操作"，典型的做法就是关于它们的判断。后者能够用真或假进行评价，与此同时谈论前者的真或假都是没有意义的——要么主体意识到了相关对象，要么没有。

对于罗素而言，存在着两种方式使得主体能够意识到事物。一个主体能够直接意识到事物，"而不需要任何推理过程或任何真理知识作为中介"，通过在经验之中呈现它们。他把这种类型的事物知识称为"亲知知识"。在《哲学问题》时期，罗素认为，主体所直接意识到的对象，仅限于当前的感觉材料、当前的心灵现象（包括亲知自身）、记忆的感觉材料与心灵现象、普遍物，以及（可能）自我。主体也能够间接地通过描述而意识到事物，如果"根据某种一般原则，从（该主体）所亲知的某个事物的存在，能够推导出符合这个描述的事物的存在"。罗素把这种类型的事物知识称为"描述知识"。不同于亲知知识，描述知识的获取，要求预先具有关于通过亲知获知的事物的真理知识，还有关于一般原则的真理。

这两种类型的事物知识，在罗素的知识论中起到了关键作用。亲知知识是所有思想与交谈得以进行的最终条件。这种对于事物的直接清醒意识，使得主体能够面对这些事物，给它们起专名，获得关于它们的真理知识。通过利用这种关于亲知对象的真理知识，描述知识进而使得主体能够突破他或她的个人经验的限制，拓展思想与交谈。因此，描述知识是一种关键因素，它使得关于外在世界的日常真理知识与科学真理知识成为可能。但是它全部始于亲知知识。罗素还提出了他关于语言与世界的关系的著名原则，它涉及的是语言哲学中的直接指称（direct reference），这条原则被命名为"罗素原则"（Russell's principle）：

> 我们所能够理解的每一个命题，必定完全由我们所亲知的成分所组成。

第六章"论归纳"讨论的是归纳辩护问题（problem of the justification of induction），对于那些在前五章的感觉材料知识基础上寻求构建一种基础主义知识论（foundationalist epistemology）的人而言，看上去标志着一种方向上的转变，而且事实上是一个几乎不一致的方向。罗素提出了人们熟悉的那个观点——"自然齐一性"（the uniformity of nature）的信念自身只能是对于过往成功归纳的总结，而不是对于未来归纳推理的辩护，并使用了那个著名的"明天太阳会升起"的信念例子。这是罗素著名的小鸡案例：

> 在看到经常给它们喂食的人的时候，家禽就会期待食物。我们知道，所有这些相当原始的齐一性期待都容易产生误导。那个在鸡的一生中每天都喂养它的人，最

后反而拧断了它的脖子。这表明，对鸡而言，关于自然齐一性的更精确观点是有用的。

罗素对于归纳法的这种观点立场，存在于《哲学问题》的全部哲学之中，而且它的相似立场也出现在了接下来的两章——第七章"论我们关于一般原则的知识"与第八章"先验知识是如何可能的"。在 1921 年出版的凯恩斯的《概率论》（*Treatise of Probability*）中，人们也可以发现罗素的这种观点。这本书起初是凯恩斯在 1908 年的研究员资格论文，当时凯恩斯回到了国王学院。在该书中，凯恩斯把概率理论描述为逻辑的一部分："如果逻辑研究的是有效思想的一般原则，那么对于论证的研究或多或少是理性的，这种研究与对于证明性事物的研究，都同样是逻辑的一部分。"

第六章的恰当解读是第一次表述了概率的逻辑理论（logical theory of probability）［占据主流地位的概率的主观解释（subjective interpretation of probability）以及长期频率（long-range frequency）理论，都是它的主要竞争对手］。根据这种解读方式，归纳推理与概率推理都是逻辑的分支，它们研究的都是从某些前提到一个结论的论证，但是不同于演绎逻辑，归纳推理的结论是我们无法确定的，即使给定真的前提。归纳推理，总是依赖于一个前提集合，更好的论证总是依赖于更好的前提。那只缺少了"精确的自然齐一性观点"的小鸡，把它的推理简单地依赖于一个较小且较差的前提集合。这个论证——没有经验证据支持我们的结论"明天太阳将升起"——表明了我们所使用的这个推理原则，类似于其他的逻辑原则，是先验认识到的，也就是说不是基于经验证据认识到的。这种对于归纳推理的研究，不像休谟一样关注那种与动物共有的推理习惯，它研究的是理性推理（rational inference），在其中这是概率逻辑的一种客观特征。

因此，归纳推理以及那些演绎逻辑原则都归于罗素关于先验推理的一般理论。第七章"论我们关于一般原则的知识"提出了关于理性主义者（rationalist）与经验主义者（empiricist）的区分。一方面，罗素支持理性主义者们，认为我们有着先验的真理知识，而且逻辑就是对于这许多真理的研究。与此同时，他又支持经验主义者关于全部知识的起源的观点："即便我们的部分知识是逻辑上独立于经验的（也就是说经验无法加以证明），它们仍然是由经验所引发和导致的。"

第八章"先验知识是如何可能的"开始于批评康德关于先验知识的观点。这个简短的篇章应该与他后来的《西方哲学史》合起来，构成一种偏执却又统一的看待哲学史的方式。当前对于先验知识的一些讨论，支持了罗素对于康德的意见，但不同之处在于找寻其他的来源来支持这种意见。纯粹的经验主义不能解释我们的所有知识。

在1911年7月11日，罗素告诉奥特琳他开始写作第九章"普遍物的世界"。这一章包含着罗素著名的关于普遍物的"无限回溯"（infinite regress）论证。

如果我们希望避免涉及白（whiteness）与三角形（triangularity）这些普遍对象，我们将选用某个白的片段，或某个个别的三角形，并且说明某个事物是白的或是一个三角形，如果它与我们选中的个别物具有确凿的相似性。但这样的话，所要求的这种相似性将不得不是一种普遍物。

在罗素哲学中，无限回溯论证是一个人们所熟悉的主题。若干年前罗素与布拉德雷展开过一场著名的论争：是否存在着对象 a 与 b 之间的"外在关系" R，还是把"与 b 有着关系 R"作为 a 的固有（intrinsic）性质。a 之于 R 的关系会是另一种关系 R^1，它是属于关联个体与个体之间关系的"类型"，一种进一步的关系 R^2 则将关联 a 与 R^1，依此类推。对于类型论中的符号，罗素采纳了其他的无限"意义"体系。这个论证的独特之处，在于此处的回溯将是一种恶性回溯（vicious regress），这种回溯关注的是关系的解释（explanation）或依据（ground）。一般而言，罗素避免采用当代形而上学所讨论的这些概念，包括"内在"（internal）性质，或者性质或关系的依据（grounding）。罗素选择的是与之相对的唯名论（nominalist）解释："如果我们希望避免这种普遍物……我们应该选择某种个别物……然后说明……"它有着这种性质，如果它具有与那个个别物之"正确类型"的相似性。这很好地表达了贝克莱的"抽象观念"的观点，也正是休谟《人性论》（*A Treatise of Human Nature*，1739）的"抽象观念"理论所提出的：

> ……一些观念在其本质上是个别的，但在其表征上
> 是一般的。通过附加于一个一般词项，一个个别的观念
> 变成一般的；换言之，所附加的词项通过习惯的合取关
> 联于许多其他个别观念，而且随时可以通过想象得到它
> 们。（休谟《人性论》 I.I.Ⅶ）

对于休谟而言，相似性判断的唯一可能基础是一个事物
的观念与另一个事物的观念的"习惯的合取"，因此休谟在
这里所给出的一般观念理论，准确表达了罗素当作普遍物唯
名论解释的那种方案。

第十章"论我们关于普遍物的知识"与第十一章"论直
观知识"，为罗素知识论之现代意义提供了基础。它讨论了
某些信念如何能够是辩护的（justified），在相信它们具有客
观合理性的这层含义上。关于普遍物的知识，产生于对于可
感性质（sensible qualities）经验的抽象以及包含普遍物的先
验真理知识，罗素解释了关于普遍物的知识自身如何能够产
生不同的辩护，这些辩护具有不同程度的"自明性"（self-
evidence），乃至延伸到具有确定性（certainty）的辩护极限。
对于从我们的观察到那种作为观察起因的物质的推理，它的
本质在当代科学哲学中是一个前沿议题。显然人们不可能观
察到我们的经验与一个不可观察的物质起因之间的关联，因
此无法使用简单或"直接归纳"（straight induction）来辩护

这个推理，但它显然是一种辩护的推理。哲学家们认为，如果这不是一种基于概率的简单推理，它仍然是一种基于先前经验的"最佳解释推理"(inference to the best explanation)。因此，从我们的经验到物质存在的这种推理是一种辩护的归纳知识，即使它不具有演绎确定性。

第六章到第十一章合起来被认为是给出了罗素知识论的基础。罗素是一位理性主义者，他接受逻辑真理以及基于关于普遍物关系的知识的先验真理；他也是一位经验主义者，因为他认为这些先验真理是从始于感觉材料的经验知识中，通过归纳推理、概率推理而得到拓展的。

在他写信给奥特琳后的第二天，7月12日，罗素写信给吉尔伯特·穆雷，告诉了他这个新想法：

> 我正在为你的系列丛书写作我的那一本书，写作任务我已经完成大半了。然而，我发现出现了几件你可能不希望看到的事情。第一，我发现它几乎完全涉及的是知识论，只是偶尔在知识论之旅中触及了形而上学。这看起来难以避免，由于将宗教与伦理排除在外。第二，我发现，与我的意图相当不同的地方是，它是一个我自身观点的展示，而不是不同哲学家思想的中立阐述。我发现难以风趣地或自在自信地写作，除非我想说服读者同意我的观点。第三，我发现，在最初的几章之后它变得有点难懂。对于一个受过教育的人而言，无论他有多少哲学知识，它总是相当容易理解的；但对于售货员而

言它是难懂的，除非他聪明绝顶。我自己无法知道它是不是太难了。如果是的话，我必须重写它。

第十二章"真与假"是在从 7 月 30 日到 31 日的两天之内写完的。这一章有着基础的与人们非常熟悉的观点，包括"真理"的意义（meaning）与真理的测试或标准（criterion）的区分，还讨论了真之融贯（coherence）论与真之符合（correspondence）论。它还提出了罗素独特的"多元关系判断理论"，这个理论的本质与发展正被罗素学者们热烈讨论着。这个理论最初出现在《数学原理》中，后来在罗素未出版的手稿《知识论》中得到了完善发展。他最初计划将多元关系判断理论作为他的知识论的基础，特别是关于我们先验的数理逻辑知识的理论基础。罗素放弃这个项目的原因依然众说纷纭。

第十三章"知识、错误与可能意见"包含着罗素的知识论中为当代认识论哲学家们所熟悉的内容。罗素指出了将知识定义为纯粹"真信念"的错误之处，并且表明了我们必须为我们的信念添加一些理由。在这里，他提出了被解读为"盖梯尔反例"的例子。他认为，一个人为真地（truly）相信那位已故首相名字的首字母是"B"，基于他的假信念，即当过首相的是贝尔福（Balfour）而不是班纳曼（Bannerman）：

> 相信贝尔福是那位已故首相的那个人可能从这个真前提（那位已故首相的姓氏是以 B 开头的）进行了有效

演绎，但他不能被视为知道了通过这些演绎而得到的结论。

因此，罗素把这个例子解读为一个针对"知识只能从真前提中通过有效的演绎而得"这个想法的反例。

在8月4日，罗素告诉奥特琳："在今天的午饭和下午茶之间我写完了关于哲学知识的限度的一整章。"这就是第十四章"哲学知识的限度"，在其中罗素从他的知识论之中得出了关于哲学本质的结论。他在开始的时候批判了黑格尔哲学，如同他曾经拒斥布拉德雷版本的一元论一样。一个对象的本质不涉及它与所有其他对象的关系，并且关于一个对象的知识，至少亲知知识，"在理论上"也完全不涉及关于这个对象的任何真理知识。罗素分析了观念论与黑格尔体系的错误，认为这种错误在于主张各种事物的非实在性源于它们所产生的矛盾。罗素随之主张我们应该了解科学的发展，因为它回应了那些关于空间与时间的悖论；或者我们应该了解数学，它解决了那些无穷悖论，把我们从独断的形而上学中解放出来。在这里，罗素提出了一种作为科学后续的哲学观点，但不同之处在于它的批判方式。那种批判指的是获得关于"作为整体的宇宙"的知识（这种知识是形而上学的标志）的不可能性，但这种不可能性并不会产生普遍怀疑论，因为"我们也不认为有理由去假设人们无法具有他们一般情况下相信其所具有的那种知识"。

写给奥特琳的信件表明罗素可能在8月18日就完成了

《哲学问题》的写作。

> 我已经在下午茶之前完成了我的"先令骇客"的最后一章，并且把它拿去打字了。它没有所设想的那么好，但我看不出如何改进它。我不认为它是糟糕的，但它过于简短。我从《牢笼》手稿中抽出了一些关于沉思的句子，以及对于人是万物尺度的主张者的谴责。

> 今天，对我来说，心灵的相同向往，在思想上是对于真理的热爱，在行动上是正义，在感情中是普遍之爱。顺便说一句，柏拉图是无望解决正义问题的。他在第四卷①的正义定义在我看来是毫无益处的。

如我们所知有着昂扬结论的最后一章，是《牢笼》手稿仅存的一些片段，它本身也转向了一种非技术的、鼓舞性的写作。它的最后一段看起来与《哲学问题》的其他部分是非常不合拍的，但这一段时常被用来把学生们带入哲学研究之中：

> 因此，总结一下我们对哲学价值的讨论；研究哲学不是为了对它的问题有任何明确的答案，因为通常没有明确的答案被知晓为真，而是为了问题本身；因为这些问题扩大了我们对可能性的认识，丰富了我们的智力想象，减少了教条式框架所带来的心灵封闭之于思辨的影

---

① 译者注：此处指的是柏拉图《理想国》第四卷。

响；但最重要的是，通过哲学沉思的宇宙的伟大，心灵也变得伟大，并且变得有能力与构成其至善的宇宙相统一。

这个结尾看起来把哲学当作一种沉思，目的在于产生与宇宙合一的感觉，这与之前对于哲学议题重要性的热切关注是相当不合拍的。事实上，罗素所主张的是哲学研究是有价值的，而那就是最后一章的标题。

物理科学研究是值得推荐的，不仅仅（或不主要）因为它对学生的影响，更因为它对整个人类的影响。但这种效用并不属于哲学。如果哲学研究对哲学学生以外的其他人有任何价值的话，那么它必定只能通过影响那些研究哲学的人的生活来间接实现。

哲学当然是有效用的，通过它对于哲学学生的影响，以及学生们对于其他人的影响。哲学价值的基础是它对于个体的影响，而不是通过行动使得人类获益。终章所显露的不是某种神秘主义，而是一些古典自由主义主题，由罗素从他的祖父约翰·罗素首相或他的家族朋友约翰·斯图亚特·穆勒（John Stuart Mill）那里继承。路德维希·维特根斯坦（Ludwig Wittgenstein）不喜欢这本书的一个原因就是这种态度，而不是它的受众是公共读者。对于这一点，罗素在1912年3月17日写信给奥特琳：

对于我的最后一章，他不喜欢的是哲学有价值这个说法；他认为喜欢哲学的人将追求它，而其他人不会这么做，而且哲学是有终点的。

在 1911 年 8 月 20 日，罗素把打字稿交给了出版社，在 11 月 2 日到 9 日的一周期间，罗素校订了该书的清样。《哲学问题》最终出版于新年的一月底，它的印数达到了吉尔伯特·穆雷都不敢相信的 15 000 本，是一年多前出版的《数学原理》第一卷的 750 本的 20 倍。在通俗读物市场，这样的数量对学术书籍而言肯定算是畅销。首印本在 1913 年就卖光了，12 倍数量的再印本在 1927 年前也销售一空，新版本也取得了更好的表现。《哲学问题》是罗素成为一位受欢迎的哲学家的声誉基础，它的销售数量要好于他之前写作的任何书，直到 1945 年的《西方哲学史》。抛开它的通俗性质与成功，对于哲学与学术讨论而言，《哲学问题》依然是一部富有影响与价值的作品。

伯纳德·林斯基（Bernard Linsky）

多诺万·维绅（Donovan Wishon）

2022 年 6 月

第十七次印刷注

对于第 23、42、76 与 77 页①的一些陈述，应该指出的是这本书写作于 1912 年，当时中国依然是一个帝国，那位已故首相的姓名也确实是以 B 开头的。

1943 年

---

① 译者注：此处为原书页码。

目　录

第一章　表象与实在

　　世界上有没有一种知识，它是如此的确定，以至于一切有理性的人都不会质疑它呢？这个问题乍看起来可能并不困难，实际上它却是人们能够提出的最困难的问题之一。当我们意识到寻找一个直截了当的可靠答案的过程将遭遇艰难险阻的时候，我们就已经走上哲学研究之路了——哲学就是在试图回答这些终极问题。哲学不是像我们在日常生活中甚至在科学中那样粗率和教条地回答问题，而是在考察了此类问题困扰人的地方，以及认识到我们日常观念之中的所有模糊和混乱之后，才批判性地回答此类问题。

　　在日常生活中，我们以为很多东西是确定的。通过进一步的考察，我们发现它们有着如此多的明显矛盾之处，以至于只有深思熟虑才能使我们知道什么是我们真正可以相信的东西。在寻求确定性的过程中，人们自然地从我们的现有经验出发，并且在某种含义上知识无疑是派生于它们的。但我们的直接经验使我们获知的任何相关陈述都很可能是错误的。我看上去正坐在一把椅子上，面前是一张某种形状的桌子，在桌子上我看到了一些手写或印着字的纸。转过头来，我看到了窗外的建筑、云朵和太阳。我相信太阳距离地球大概 9 300 万英里（约合 1.5 亿千米）；太阳是一个比地球大很多倍的火热天体；由于地球自转，太阳每天早上升起，并且在未来无尽时光里它还将继续如此。我相信如果其他正常人走进我的房间，他将和我一样看到这些椅子、桌子、书籍和纸张，我还相信我所看到的桌子就是我的胳膊所压着的这张桌子。所有这一切看起来是如此的明证，以至于不值一提，除非是为了回应某个怀疑我一无所知的人。然而在我们能够肯定我们已经以一种完全真实的形式陈述了它们之前，所有这一切都可以被合理地怀疑，并且都需要详尽讨论。

为了明白我们的困难之处，让我们把注意力集中到这张桌子上。它看起来是长方形的、棕色的和有光泽的，摸起来是光滑的、凉的和坚硬的；当我敲击它的时候，它发出了木器才有的声音。任何人如果看到、摸到和听到这张桌子，都会同意这种描述，因此这看起来好像没有什么困难之处；但一旦试图使我们的描述变得更加精确的时候，烦恼就出现了。虽然我相信这张桌子是"实际上"通体一色的，但是反光的部分看起来比其他部分更为明亮，并且出于反光的缘故，有些部分看起来是白色的。我还知道，如果我移动身体，桌子的反光部分就会有所不同，桌子表面的颜色分布就会有所改变。因此，如果几个人同时看着这张桌子，没有两个人会看到完全相同的颜色分布，因为没有两个人能够从完全相同的视角来看这张桌子，而且任何视角上的变化都会造成光线反射方式的改变。

就大多数实践目的而言，这些不同之处是无关紧要的，但对画家而言，它们都是重要的：画家一定不能养成一种思维习惯，即认为事物看上去有着常识中它们"实际上"具有的颜色，而一定要养成如其所表现的那样来观察事物的习惯。在这里我们已经开始了一个哲学上最令人困惑的区分——"表象"（appearance）与"实在"（reality）的区分，即事物看起来是什么与事物是什么之间的区分。画家想要知道的是事物看起来是什么，实践者和哲学家想知道的是事物是什么；不过，哲学家求知的愿望比实践者更加强烈，而且由于知道回答这个问题的难度，哲学家也更为困惑。

回到这张桌子上来。从我们已有的发现出发，显然没有哪种颜色格外明显的是桌子的这个（the）颜色，或者甚至是桌子某个特殊部分的颜色——桌子在不同的视角下看上去有着不同的颜色，并且没有理由认为某个部分的颜色比其他部分的颜色更为真实。我们也知道，即使都从一个特定视角来看，由于人工照明，或者由于观察者是色盲或者戴蓝色眼镜，颜色看起来也是不同的，而在黑暗中根本就没有颜色，虽然对于触觉和听觉而言，桌子并没有变化。这个颜色不是桌子所固有的，而是依赖于桌子、观察者以及光线投射到桌子上的方式。在日常生活中，当我们谈到桌子的这个颜色的时候，我们指的只是在通常的光线条件下一个正常观察者从日常视角所看到的那种颜色。但是在其他条件下桌子所表现出来的颜色也同样可以被认为是真实的；因此为了避免偏倚之嫌，我们不得不否认桌子自身有着任何一种特殊的颜色。

同样的情况也适用于桌子的质地。通过肉眼人们能够看到它的纹理，但另一方面桌子看起来是光滑和平整的。如果我们用显微镜来看桌子的话，我们将看到它粗糙不平，凹凸遍布，以及肉眼感知不到的各种差异。哪一个是"真实的"桌子呢？我们自然倾向于说我们用显微镜所看到的桌子是更加真实的，但随之而来的是，透过一个更好的显微镜，我们所看到的东西又将有所改变。那么如果我们不能信任我们用肉眼所看到的东西，为什么我们应该信任我们用显微镜所看到的东西呢？因此，对于我们赖以开始的感官的信心再次被动摇了。

桌子的形状也不见得更好。我们全都习惯于判断事物的"真实"形状，并且我们这么做的时候是如此不假思索，以至于我们以为自己实际上看到了真实的形状。但事实上，就像如果我们想画画就必须了解到的那样，一个特定物体从各种不同视角看起来有着不同的形状。即使我们的桌子"实际上"是长方形的，从大多数的视角上看，它也好像会有两个锐角和两个钝角。即使对边是平行的，它们也看起来好像收敛于观察者远处的某一点；即使对边有着相同的长度，也看起来好像较近的那条边更长一些。所有这些事情通常都不会在观看桌子的过程中被注意到，因为经验已经教会了我们从桌子的表面形状中构造出"真实的"形状，而"真实的"形状是我们作为实践者所感兴趣的东西。但"真实的"形状不是我们所看到的东西，它是从我们所看到的东西之中推导出来的。当我们在房间内走动的时候，所看到的东西的形状是不断变化着的；因此在这里，感觉还是没有给我们提供关于桌子本身的真理，而只是提供了关于这张桌子的表象的真理。

当我们考虑触觉的时候，也会出现同样的疑难。桌子确实总是给我们一种坚硬感，并且我们感觉得到它在承受着压力。但是我们所获得的感觉依赖于按压桌子的力度，以及用身体的哪个部位去按压它；因此出于不同压力或不同身体部位而得到的这些不同感觉，不能被看作直接地（directly）揭示了桌子的某种确定性质，至多是某种性质的标志（signs）而已，这种性质也许造成了（causes）所有这些感觉，但它并不实际表现在任何感觉之中。同样的道理显然也适用于敲桌子所引起的声响。

因此，那张实在的桌子如果确实存在的话，显然不同于我们通过看、摸或听所直接经验到的东西。那张实在的桌子如果确实存在的话，也根本不是我们所直接（immediately）认识到的，而一定是从直接认识到的东西之中推导而来的。因此，这里立即产生了两个非常困难的问题：（1）到底有没有一张实在的桌子？（2）如果有，它会是什么样的对象呢？

一些意义明确清晰的简单术语有助于我们考察这些问题。让我们把在感觉之中直接认识到的东西称为"感觉材料"（sense-data）：这些东西包括颜色、声音、气味、硬度和粗糙度等等。我们把直接察觉到这些东西的经验称为"感觉"（sensation）。因此，无论何时我们看到一片颜色，我们都产生了对于这片颜色的一种感觉，但这片颜色本身只是一个感觉材料，而不是一种感觉。这片颜色是我们直接察觉到的东西，并且这种察觉本身就是感觉。显然，如果我们要去认识这张桌子，我们必须通过感觉材料——棕色、长条形、平滑等等——把这些与桌子联系在一起；但是出于已经给过的理由，我们不能说这张桌子是那些感觉材料，甚至也不能说那些感觉材料直接就是桌子的性质。因此如果存在着这么一张桌子的话，那么这就产生了一个问题，即感觉材料和实在桌子的关系问题。

这张实在的桌子如果存在的话，我们将称之为一个"物理对象"（physical object）。因此我们必须考虑感觉材料与物理对象的关系。所有物理对象的总和被称为"物质"（matter）。因此我们的两个问题可以被重新表述如下：（1）有没有物质这种东西？（2）如果有的话，它的本质是什么？

贝克莱（1685—1753）主教是第一位明确论述了为什么我们感官的直接对象不能独立于我们之外而存在的哲学家。他的《海拉斯与斐洛诺斯对话三篇》就致力于证明根本没有物质这种东西，而且世界只是由心灵及其观念构成的。海拉斯一直是相信物质的，但他敌不过斐洛诺斯，斐洛诺斯毫不留情地使他陷入了矛盾和悖论，并最终使得海拉斯自己对于物质的否定看起来近乎常识。所运用的那些论证有着非常不同的价值：一些是重要的和完善的，另一些则是混乱的或模棱两可的。但贝克莱的功绩在于表明，物质的存在是能够被合情合理地加以否定的，并且如果有任何独立于我们而存在的事物，它们也不能是我们感觉的直接对象。

当我们问到物质是否存在的时候涉及了两个不同的问题，弄清楚这些问题也是重要的。我们通常用"物质"来指一种相对于"心灵"的东西，一种我们认为占据空间并且根本不属于任何类型的思想或者意识的东西。贝克莱主要在这个意义上否定物质；也就是说，他并没有否定我们通常当作桌子存在标志的感觉材料是实际独立于我们的某种东西（something）的存在标志，而是否定了这某种东西是非心灵的，也就是说否认它可以既不是心灵，也不是某个心灵持有的观念。他承认，当我们走出这个房间或者闭上眼睛的时候，一定有某种东西是持续存在着的。贝克莱还承认，我们所谓的看见桌子，实际上给了我们理由来相信持存着某个东西，即使我们不再看到它。但是他认为，这个东西不能在性质上完全不同于我们所看见的东西，也不能全然独立于看见之外，虽然它一定独立于我们的看见。因此他认为那张"真实的"桌子是上帝心灵中的一个观念。就我们只能推导它而绝不能直接察觉到它这一点而言，这样一个观念具有所需的持久性并且独立于我们，而又不会是（像物质所是的那样）完全不可知的。

贝克莱之后的其他哲学家也认为，虽然这张桌子的存在并不依赖于被我看见，但是它实际上依赖于被某个心灵看见（或者以其他方式在感觉中被感知到），这个心灵不必然是上帝的心灵，而更可能是宇宙中心灵的整体。与贝克莱一样，他们坚持这种观点主要是因为他们认为，除了心灵以及心灵的思想与感受之外，没有东西能是实在的，或者根本没有东西能被认识到是实在的。我们也许可以通过这样一种方式来陈述他们用以支持其观点的论证："凡是能够被思考的，都是思考者心灵中的观念；因此，除了心灵中的观念没有东西能够被思考；因此，其他任何东西都是不可思考的，而不可思考的东西是不能存在的。"

在我看来，这样一个论证是错误百出的；当然，提出这个论证的那些人并没有说得如此简单或如此粗糙。无论其有效与否，这个论证已经以各种形式广为流传，而且非常多的哲学家，可能是大多数哲学家，都认为除了心灵和心灵的观念之外没有什么东西是实在的。这类哲学家被称为"观念论者"。当他们开始解释物质的时候，他们或者像贝克莱一样，说物质只不过是观念的聚合；或者像莱布尼茨（1646—1716）一样，说表现为物质的东西实际上是或多或少的原始心灵的聚合。

但是，虽然这些哲学家否定了与心灵相对的物质，他们却在其他含义上承认了物质。回忆一下我们问过的两个问题：（1）究竟有没有一张实在的桌子？（2）如果有的话，它会是何种对象？现在，贝克莱和莱布尼茨都承认有一张实在的桌子，但贝克莱说它是上帝心灵之中的某些观念，而莱布尼茨说它是灵魂的聚合。因此他们两个都对我们的第一个问题给出了肯定的答案，只是在回答第二个问题的时候，他们才与普通人的看法有了分歧。事实上，绝大多数的哲学家看上去都承认存在着一张实在的桌子：他们几乎都同意，无论感觉材料——颜色、形状、光滑等等——如何依赖于我们，它们的出现依然是某种独立于我们而存在的东西的标志，这种东西可能完全不同于感觉材料，并且当我们与那张实在的桌子有一种合适关系的时候，这种东西被看作引发了那些感觉材料。

现在，哲学家们显然都同意这个观点：存在着一张实在的桌子，无论它的本质是什么。这点是非常重要的，而且在我们开始进一步讨论那张实在的桌子的本质之前，有必要考虑一下有什么理由促使我们接受这个观点。因此，我们的下一章将要涉及假定有一张实在桌子的理由。

在我们继续推进之前，有必要考虑一下，迄今为止我们已经发现了什么。我们已经表明：如果考虑那种被认为依靠感觉而能被认识到的普通对象，感觉直接告诉我们的，不是关于外在于那个对象的真理，而只是关于某些感觉材料的真理，就所能了解到的而言，这些感觉材料依赖于我们与对象之间的关系。因此，我们直接看到和感觉到的仅仅是"表象"，相信它是背后的某个"实在"的标志。但如果这个实在不是表现出来的东西，我们是否有办法知道世界上到底有没有实在呢？如果有的话，那么我们是否有办法发现它是什么呢？

这些问题都是十分令人烦恼的，并且即使是最古怪的设想，人们也难以肯定它不是真的。因此，我们所熟悉的桌子虽然一向很少被我们思考，却已成为一个充满惊异可能性的问题。关于它，我们所唯一知道的就是，它不是所显现的那样。在这个最保守的结果之外，我们可以进行充分自由的推测。莱布尼茨告诉我们，它是灵魂的集合；贝克莱告诉我们，它是上帝心灵中的一个观念；严谨的科学也令人惊异地告诉我们，它是一大堆激烈运动着的电荷。

在这些惊奇的可能性之中，怀疑将表明可能根本就不存在一张桌子。哲学如果不能如我们所愿地回答这么多的问题，至少还有权提出一些问题，这些问题增加了我们对这个世界的好奇心，并且揭示了潜藏在日常生活中最平凡的事物表面之下的奇异和奥妙。

第二章　物质的存在

在本章中，我们必须问自己一个问题：究竟是否在某种意义上存在着物质这样一种东西？是否存在着一张具有某种内在性质的桌子，当我不看它的时候，它也继续存在呢？或者这张桌子是否仅仅是我的想象的产物，是一场悠远长梦中见到的桌子呢？这个问题是至关重要的。因为如果我们不能确定对象的独立存在，我们便不能确定他人身体的独立存在，因此更不能确定他人心灵的独立存在，因为除了从观察他人身体推至一些依据，我们便没有依据去相信他人的心灵。因此，如果我们不能确定对象的独立存在，我们将被抛弃在一片荒漠之中——全部外在世界可能只不过是一场梦，我们孤零零地存在着。这种可能性是令人不舒服的；虽然它不能被严格证明为假，但是也不存在着任何理由来设想它为真。在本章中，我们必须来考察情况为什么是这样的。

在着手考察这些充满疑惑的问题之前，让我们努力来找到一个多少已是确定的起点。虽然我们怀疑这张桌子的物理存在，但我们不怀疑那些感觉材料的存在，它们使得我们认为存在着一张桌子；我们不怀疑的是，当我们看过去的时候，某种颜色或形状呈现给了我们，当我们按压的时候，我们也会体验到一种坚硬感。虽然这一切是心理的，但我们也不会加以怀疑。事实上，也许任何其他东西都是可疑的，但至少我们的一些直接经验看起来是绝对确定的。

近代哲学的奠基者笛卡尔（1596—1650），发明了一种至今仍好用的方法——系统怀疑的方法。他决定，他不再相信任何他无法清楚明白地以为真的东西。任何能够怀疑的东西，他都会加以怀疑，直到找出不再怀疑它的理由为止。通过运用这种方法，他逐渐认为唯一他能完全确定的存在之物是他自身。他想象了一个富有欺骗性的恶魔，它以一种感知幻觉的方式将非实在之物呈现在他的感觉之中；这样一个恶魔的存在也许是非常不可能的，但依然是可能的，因此对于感觉所感知到的东西加以怀疑也是可能的。

但是怀疑他自身的存在则是不可能的，因为如果他不存在，那么没有恶魔能够欺骗他。如果他怀疑，他必定存在；如果他有过任何经验，他必定存在。因此对他而言他自身的存在是绝对确定的。他说道"我思，故我在"（*Cogito，ergo sum*）；在这种确定性基础上，他又一次开始建构知识世界的工作，他的怀疑曾经摧毁了这个知识世界。通过发明这种怀疑方法，以及通过表明主观的东西是最为确定的，笛卡尔为哲学做出了巨大的贡献。这种贡献使得他仍然在滋养着这个学科的所有研究者。

但在运用笛卡尔的论证的过程中，我们需要多加小心。"我思，故我在"的含义超出了严格确定的范围。看上去，我们十分肯定今日的我与昨日的我是同一个人，在某种含义上这毫无疑问是成立的。但是实在的自我（Self）如同实在的桌子一样，是难以触及的，而且看上去不具有那种属于个别经验的绝对性与令人信服的确定性。当我看向我的桌子，并且看到了某片棕色，立刻可以非常确定的事情不是"我正在看一片棕色"，而是"一片棕色正在被看到"。当然，这涉及了看到那片棕色的某个东西（或者某个人），但它自身不涉及我们称为"我"的那个或多或少持存的人。迄今为止能够直接确定的是，某个看到那片棕色的东西是非常瞬时的，并且不同于下一时刻拥有不同经验的那个东西。

因此，具有原初确定性的，乃是我们的个别思想与感受。这一点对于睡梦和幻觉与对于正常知觉而言是一样的：当梦到或看到鬼怪的时候，我们肯定拥有我们认为自己拥有的感觉，但是出于各种理由，人们认为没有物理对象对应于这些感觉。因此，不必因为要容纳例外情形而限制我们对于自身经验的知识的确定性。无论如何，我们在这里已经具有了一种用以开始我们的知识探寻的牢固基础。

我们所必须考虑的问题是这样的：假设我们对于自己的感觉材料是确定的，我们有什么理由认为它们是我们称为物理对象的其他东西的存在的标识？当列举出我们曾自然地认为与这张桌子相联结的所有感觉材料，我们是否说出了关于这张桌子的全部呢？或者是否存在着其他东西，这种东西不是感觉材料，并且它在我们走出这个房间之后仍然持存呢？常识毫不犹豫地回答说：确实存在着这样的东西。这种东西我们能够购买、出售、推动，在它上面盖上一块布，诸如此类，它不能仅仅是感觉材料的集合。如果那块布把桌子完全遮盖起来，我们将得不到这张桌子的任何感觉材料；因此，如果这张桌子仅仅是感觉材料，它将不复存在，那块布依靠魔法悬浮在空气中，停留在之前这张桌子所占据的地方。这看起来很荒唐，但任何希望成为一位哲学家的人，必定不会被这些荒唐之处吓倒。

我们之所以必须在感觉材料之外拥有一个物理对象，一个主要原因是我们希望不同的人有着相同的对象。当十个人围坐在餐桌前，如果认为他们看到的不是相同的桌布、刀叉、汤勺和玻璃杯，这似乎是荒唐滑稽的。但是每个人的感觉材料是私有的，直接呈现于一个人的视觉之前的东西，不是直接呈现于另一个人的视觉之前的东西：他们都从稍微不同的视角去观看事物，因此他们的观看也是稍微不同的。因此，如果存在着公共的中立对象，这种对象能够在某种含义上被不同人认识到，那么在呈现给不同人的私有与个别感觉材料之外，一定还存在着某种东西。那么我们有什么理由相信存在着这种公共的中立对象呢？

人们自然而然想到的第一个答案是，虽然不同人可能以稍微不同的方式在看这张桌子，当他们看向这张桌子的时候，他们看到的仍然都是多少有些相似的东西，而且他们所看到的东西的变化遵循着光线的反射与折射规律，以至于人们轻易就得出结论——在所有这些不同人的感觉材料之下有着一个持存的对象。我从之前的屋主那里买到了我的桌子；我不能买到他的感觉材料，当他离开的时候，他的感觉材料也消失了，但我能够并且确实有信心期待得到几乎相似的感觉材料。因此，不同的人有着相似的感觉材料，位于一个固定位置的人在不同时刻有着相似的感觉材料。这种事实使我们假设：在感觉材料之外与之上存在着一个持存的公开对象，它构成或引发了不同人在不同时间的感觉材料。

迄今为止的上述考察都依赖于一个假设——在我们自身之外存在着其他人，因此这使我们又回到了所讨论的问题。其他人是通过感觉材料向我呈现的，比如他们的样子或他们的声音。如果我没有理由相信存在着独立于我的感觉材料的物理对象，我将没有理由相信其他人是存在的，而不是我的梦的一部分。因此，当我们试图表明一定存在着独立于自身感觉材料的对象的时候，我们不能诉诸他人的证言，因为证言本身就是由感觉材料构成的，并且没有显示出他人的经验，除非我们自身的感觉材料是独立于我们的存在物的标识。因此，如有可能，我们必须在自身纯粹私人经验之中找到一些特性，它们表明或倾向于表明：在我们自身或私人经验之外，这个世界之中还存在着其他事物。

在某种含义上，我们必须承认我们无法证明自身与经验以外的其他东西的存在。这个假设——世界是由我自身与我的思想、感受、感觉所构成的，剩下的一切仅仅是幻想——并不会产生逻辑的荒谬。在梦中似乎出现了一个非常繁杂的世界，然而清醒之后我们发现它只是一种幻觉；也就是说，我们发现，梦中的感觉材料看起来没有对应于那些曾自然地从我们的感觉材料中推导出的物理对象。（诚然，一旦这个物理世界是如其设定的那样，那么人们有可能为梦中的感觉材料找到物理原因。例如，拍门可能使我们梦到海战。虽然在这个例子中感觉材料有一个物理原因，但是依然不存在一个物理对象以实际海战的方式对应于这个感觉材料。）人生如梦这个假设，在逻辑上不是不可能的，在梦中我们自己创造了呈现在我们面前的所有对象。虽然这在逻辑上不是不可能的，但是也没有任何理由去假定它就是真的；事实上，当被视为一种关于我们自身生活的那些事实的解释方式的时候，这个假设不如常识假设来得简单，常识假设了确实存在着独立于我们的对象，它们作用于我们并产生了我们的感觉。

　　显而易见，这种假设——确实存在着物理对象——是简明的。如果这只猫在一个时间点出现在这个房间的一个角落，在另一个时间点出现在了另一个角落，我们自然假设它从这个地方移动到了那个地方，经过了一系列的中间位置。但如果它仅仅是一个感觉材料集合，它就不能够出现于任何我没有看到它的地方；因此，当我没有看到它的时候，我们将不得不假设它是根本不存在的，却突然闪现到一个新的地方。如果无论我是否看到它，这只猫都是存在的，我们便能从我们自身的经验之中理解它如何在前后两餐之间变得饥饿；但如果我没有看到它时，它便不存在，那么看起来奇怪的是，猫的食欲在不存在与存在的情况下是一样快地增长的。如果这只猫只是由感觉材料构成的，那么它是不会饥饿的，因为只有我自身的饥饿对我而言能够是一种感觉材料。因此，感觉材料的作用把这只猫呈现给了我，如果将其看作饥饿的表达，那么它似乎是很自然的；但如果看作色块的纯粹运动与变化，那么它变得完全不可理解了。如同一个三角形不会踢足球一样，这些色块也不会感到饥饿。

　　猫这个案例带来的困难，完全比不上人类情况的困难。当人们说话的时候——也就是说，当我们听到一些声音，并将之与观念联系起来，与此同时我们看到嘴唇的开合以及面部的表情——难以设想我们所听到的东西不是思想的表达，因为我们知道，如果我们发出同样的声音，它也将表达我们的思想。当然，相似的情况也发生在梦里，在梦里我们误以为有其他人存在。梦或多或少显示了我们在清醒生活中的东西，如果我们假设确实存在着一个物理世界，那么梦或多或少是能够运用科学原则加以解释的。因此，每一条简单性原则都在促使我们接受这种自然观点——确实存在着除了我们自身与感觉材料的对象，这些对象的存在不依赖于我们对它们的感知。

当然，我们最初不是通过论证才得到我们的信念——存在着一个独立的外在世界。一旦我们开始反思，我们便会发现自己已经持有这个信念，它就是所谓的本能（instinctive）信念。我们从未对这个信念产生过疑问，只不过事实上，仅就视觉为例，人们似乎本能地相信感觉材料就是那个独立对象，然而论证却表明那个对象不能等同于感觉材料。然而在味觉、嗅觉与听觉的情况下，这个发现是根本上不矛盾的，在触觉情况下也只是稍显矛盾的，这个发现并没有减弱我们的本能信念——存在着对应于我们的感觉材料的对象。因为这个信念没有带来什么困难，相反它有助于把我们对于经验的解释简单化与系统化，所以看起来没有什么好理由去拒绝它。因此我们可以承认：这个外在世界确实存在，而且它的存在并不完全依赖于我们对它的持续感知，虽然在睡梦中产生了稍许质疑。

引导我们得到这个结论的论证，无疑没有我们所希望的那么强有力，但在许多哲学论证之中它是具有代表性的，因此值得简要考察一下它的一般特征与有效性。我们发现，全部知识都必须建立在我们的本能信念的基础上，如果这些信念被拒斥，那么我们将一无所有。在我们的本能信念之中，一些信念要远强于其他信念，与此同时通过习惯与联想，许多本能信念与其他信念纠缠在一起，这些其他信念实际上不是本能的，而被误认为归属于本能信念。

哲学应该向我们展示我们本能信念（诸如物质世界信念）的体系，从我们最坚定持有的那些本能信念开始，尽可能独立地展现每一个本能信念，尽可能使之与无关附加物分离开来。哲学应该用心表明，在它们的最终设定方式中，我们的本能信念没有崩塌，反而构成了一个和谐系统。不可能有理由去拒斥一个本能信念，除非它与其他本能信念相冲突；因此，如果它们被发现是和谐的，整个系统就是值得接受的。

当然，我们的所有或某个信念可能是错误的，因此所有信念都应当至少稍加存疑。除非以其他信念为依据，否则我们不能有理由拒斥一个信念。因此，通过组织我们的本能信念与它们的后果，考察它们之中何者是最为可能的，如果有必要就加以修正或抛弃。在接受我们所本能相信的东西作为我们全部材料的基础上，我们便能够系统有序地组织我们的知识。虽然在这些知识中仍然存有错误的可能性，但是通过成分之间的交互以及通过之前所进行的批判性审查，这种可能性得以减少。

哲学至少能够履行这种职能。大多数哲学家，或对或错，都相信哲学能够做的比这更多——它能够为我们带来关于宇宙整体与终极实在本质的知识，其他方式是无法获得这种知识的。无论情况是否如此，哲学肯定能够发挥我们所谈及的最为基本的职能，并且对于那些曾一度质疑常识充分性的人而言，哲学肯定足以证明哲学问题所涉及的那些费力艰辛的工作是正当的。

第三章　物质的本性

在上一章中，虽然我们没能找到证明性理由，但我们还是承认并相信这一点是合理的，即我们的感觉材料（例如，我们将之与我的桌子联系起来的感觉材料）确实是独立于我们与知觉的某个东西的存在标志。也就是说，诸如颜色、坚硬感、声音等感觉材料对我而言构成了这张桌子的表象，我假设存在着超越于这些感觉材料的其他某个事物，它的表象便是这些感觉材料。如果我闭上眼睛，颜色就不复存在；如果我把胳膊从桌子上挪走，坚硬感也不复存在；如果我不再用指节敲桌子，声音也就不存在了。但我不相信当所有这些东西不复存在的时候，这张桌子也将消失不见。相反我相信，因为桌子是一直存在的，所以当我睁开我的眼睛，放下我的胳膊，并再次开始用指节敲击桌子的时候，所有这些感觉材料将再次出现。在本章中，我们要考察的问题是：这张不依赖于我对其感知而持存的实在的桌子，具有什么样的性质呢？

对于这个问题，物理科学给出了一种回答，它虽然确实有点不完整，并且在某种程度上仍然带有许多假设，但就迄今为止的成果而言，它依然值得加以考察。物理科学，或多或少无意识地落入了这种观点，即所有的自然现象应当被还原为运动。光、热、声都源于波动，波动从发出光、热、声的物体到达那个看见光或感到热或听到声的人。具有波动的东西，是以太或"粗糙物质"，但无论哪种情况下哲学家都会称之为物质。科学赋予物质的唯一性质，只是空间位置，以及以运动规律为根据的动量。科学没有否认它可以有其他性质；即使有的话，这样一些其他性质对于科学工作者而言也不是有用的，并且也无助于解释这种现象。

人们有时候说"光是一种波动"，但这种说法是误导性的。我们直接看到了光，我们通过自己的感觉直接认识到了光，光不是一种波动，而是完全不同的东西——只要我们不是盲人，我们都会知道光，尽管我们无法通过对光的描述把我们的知识传递给一位盲人。与之相反，我们可以非常好地向盲人描述波动，因为他能通过触觉获得空间知识；通过海上旅行，他也能够和我们差不多地体验到波动。但盲人所能理解的这种东西，不是我们所意谓的光；我们所意谓的光，恰恰是一个盲人所无法理解的，也是我们无法描述给他的。

现在，我们全体有视力的人都能认识到的这个东西，根据科学，不是实际存在于外部世界的东西：它是某些波作用于那些看见光的人的眼睛、神经与大脑的活动所引发的东西。当人们说光是波的时候，实际意思是，波是我们对于光的感觉的物理起因。但就光本身而言，有视力的人们都能够体验到，盲人则不能体验到，它不是科学所预设的独立于我们与我们的感觉的这个世界的某个组成部分。类似的说法也适用于其他类型的感觉。

物质的科学世界，不仅不存在颜色和声音，也不存在我们通过视觉或触觉得到的空间。对于科学而言，它的物质在本质上应该位于一个空间之中，但它所在的空间不能恰恰是我们所看到或感觉到的空间。首先，我们看见的空间不同于我们通过触觉得到的空间；在婴儿期，我们只有通过经验才学习到了如何去触碰我们看到的事物，或者如何去观看我们触碰到的事物。但是科学的空间是中立于触觉与视觉的；因此它不能是触觉的空间或视觉的空间。

再者，根据他们的视角，不同的人把相同对象看成不同的形状。以一枚圆形的硬币为例，虽然我们应该始终判定它是圆的，但除非我们直视它，否则它看起来是椭圆的。如果我们判定它是圆的，那么我们所判定的是它有一个真实形状，这个真实形状不是它的表面形状，而是内在地属于它的，是与它的表象无关的。但作为科学所关注的东西，这个真实形状必定位于一个实在空间之中，它不同于任何人的表象空间。实在空间是公共的，表象空间是观察者所私有的。在不同人的私人空间中，相同的对象看起来有着不同的形状；在这种情况下，对象在实在空间中具有它的真实形状，实在空间必定不同于私人空间。因此，虽然科学的空间与我们所看到与所感到的空间相关联，但是科学空间与它们是不同的，而且其关联方式也是需要加以考察的。

我们暂且承认，物理对象不能完全类似于我们的感觉材料，但是可以认为其产生了我们的感觉。这些物理对象，是位于我们可以称为"物理"空间的科学空间之中的。值得注意的是，如果我们的感觉产生于物理对象，那么必定存在一个物理空间，它包含这些对象和我们的感觉器官、神经与大脑。当我们与一个对象接触的时候，我们得到一种触觉；也就是说，当时我们身体的一部分占据了物理空间的一个位置，它非常接近于该对象所占据的那个空间。（粗略地讲，）当没有非透明物体在物理空间中位于对象与我们的眼睛之间的时候，我们便看到了一个对象。类似地，我们听到、嗅到或尝到一个对象，只有当我们充分接近它的时候，或者当它接触到舌头的时候，或者它在物理空间中占据了某个相对于我们身体的合适位置的时候才能实现。除非我们认为对象与我们的身体两者都处于一个物理空间之中，否则我们无法说出在不同环境下从一个给定对象我们将得到的不同感觉是什么，因为决定我们从该对象得到何种感觉的主要是这个对象与我们身体的相对位置。

现在我们的感觉材料是位于我们的私人空间之中的，要么是视觉空间，要么是触觉空间，要么是其他感觉可能给予我们的那种模糊空间。如同科学与常识所假设的，如果存在着一个公共的、无所不包的物理空间，物理对象是位于其中的，那么物理空间之中的物理对象的相对位置，必定多少对应于我们的私人空间中的感觉材料的相对位置。不难看出，这就是实际情况。如果我们看见一条路上的一栋房子比另一栋离我们更近一些，我们的其他感觉也会印证这种观点；例如，如果我们沿着这条路一直走，那么我们会先走到这栋房子。其他人也会承认，这栋看起来离我们更近一些的房子的确是较近的；从军用地图上看，我们也会得到相同的观点；因此，一切都表明两栋房子之间有着一种空间关系，这种关系对应于当我们看向这些房子的时候所看到的感觉材料之间的关系。因此，我们可以假设存在一个物理空间，其中的物理对象之间具有空间关系，这些空间关系对应于在我们的私人空间中相应的感觉材料之间的关系。几何学所探讨的，以及物理学与天文学所预设的，正是这种物理空间。

假设存在着物理空间，以及物理空间确实是以这样的方式对应于私人空间，那么关于物理空间，我们能够知道什么呢？我们只能知道的是，为了保证这种对应性所需要的东西是什么。这也就是说，我们对于它自身是怎么样的一无所知，但我们能够通过物理对象之间的空间关系，知道它们的组合方式。例如，虽然我们不能知道物理意义上的直线自身是什么，但是我们能够知道在日月食的时候地球、月球与太阳是在一条直线上的，因为我们知道视觉空间中一条直线看起来是什么样子的。因此，对于物理空间之中的距离关系，我们所知道的要比距离本身多得多；我们可以知道一段距离是长于另一段距离的，或者它与另一条线都是在同一条直线上的，但我们不能直接亲知物理距离，在我们的私人空间之中我们亲知这些距离，或者亲知颜色、声音以及其他感觉材料。一个天生的盲人可能通过他人而知道的关于视觉空间的那些东西，就是我们所能够知道的关于物理空间的一切；但是天生的盲人关于视觉空间永远无法知道的东西，我们关于物理空间也不能知道。我们能够知道这些关系的性质，这些性质是保持感觉材料对应性所要求的，但是我们不能知道这些关系所成立于其间的那些项的性质。

在时间方面，相对于时钟所记录的时间，绵延感或时间的流逝感是一个明显靠不住的向导。当我们烦恼或受苦的时候，时间过得很慢；当我们全身心投入的时候，时间流逝得很快；当我们睡觉的时候，时间如同不存在一般悄悄地溜走了。因此，就时间是由绵延所构成的而言，同样有必要去区分公共时间与私有时间，如同空间情形一样。但就时间包含着一种先后次序而言，又没有必要做出这样的一个区分；恰如我们所能看到的，事件看起来具有的这种时序与它们确实拥有的时序是相同的。无论如何，我们没有理由设想这两种时序是不相同的。相同的情况通常也适用于空间：如果一队人在一条路上列队前行，这个队伍的形状从不同视角上看是不同的，但是无论从哪个视角上看，这些人的排列具有相同的次序。因此，我们认为这种次序在物理空间中也是成立的，只有在需要保持这种次序的时候，这种形状才被预设为对应于物理空间。

对于这种说法——事件看起来具有的时序与它们实际上具有的时序是相同的，我们有必要提防一种可能的误解。人们绝不能认为，不同物理对象的各种状态与构成那些对象的知觉的那些感觉材料一样，具有相同的时序。当被视为物理对象的时候，打雷与闪电是同时发生的；也就是说，闪电与空气振动是同时发生于振动发生的位置，即闪电发生的位置。但是直到空气振动传播到我们所在位置之前，我们称为"听见打雷"的感觉材料，都是没有发生的。类似地，太阳光需要八分钟才能到达我们面前；因此，当我们看见太阳的时候，我们看见的是八分钟之前的太阳。就我们的感觉材料为物理太阳提供了证据而言，它们所提供的是八分钟之前的太阳的证据。如果物理太阳在过去的八分钟之间不复存在了，我们称为"看见太阳"的感觉材料也不会有什么不同之处。这提供了一个生动的例子，说明有必要做出感觉材料与物理对象的区分。

在空间方面，我们迄今为止发现的东西，和我们对于感觉材料与它们的物理对应物的对应性发现的东西，是大致相同的。如果一个对象看起来是蓝色的且另一个对象看起来是红色的，我们可以有理由认为，这两个物理对象之间有着某种对应的差异性；如果两个对象看起来都是蓝色的，那么我们可以认为两者之间有着某种对应的相似性。但是我们不能期望直接亲知该物理对象所具有的使其看起来是蓝色或红色的那种性质。科学告诉我们：这种性质是一种波动，这听起来很熟悉，因为我们想到的是我们所看见的空间之中的波动。但是这种波动一定真实发生于我们没有直接亲知的物理空间之中；因此，真实的波动不是我们所熟悉的，而我们曾以为是熟悉它们的。对于颜色所适用的东西，也非常相似于在其他感觉材料方面所适用的东西。因此我们发现，虽然物理对象的这些关系具有所有的可知性质，这些性质来自它们与感觉材料关系的对应性，但是这些物理对象的固有性质依然是未知的，至少就目前为止依靠感觉方式能够发现的范围而言。这个问题——是否存在着发现物理对象固有性质的某种其他方法，依然是未决的。

无论如何，在视觉感觉材料方面，首先要采纳的假设是：出于我们已经考察过的那些理由，虽然物理对象不能完全类似于感觉材料，但是它们仍然差不多是类似的。虽然这种假设最终不是最可能成立的，但它却是最自然的。根据这种观点，物理对象实际上是（打个比方）有颜色的，我们也可以通过好运看见一个对象具有那种它实际所具有的颜色。

从许多不同视角上看，一个对象在某个时刻看起来具有的颜色，一般而言都是非常相似的，尽管不是完全相同的；我们可以因此假设"真实的"颜色是一种中间颜色，介于不同视角下显示出来的不同色调之间。

这样一种理论可能不会被完全驳倒，但它可以被表明是没有根据的。在开始的时候，显然我们所看到的那种颜色仅仅依赖于射入眼睛的那种光波的性质，因此我们与该对象之间的介质，还有光线从物体向眼睛的反射方式，都会使颜色发生改变。作为介质的空气改变了颜色，除非它是完全洁净的，而且强烈的反光也将完全改变颜色。因此，一旦某种波射入了眼睛，我们就将看到某种颜色，无论发出这些波的那个对象是否具有颜色。因此，我们完全没有必要假设物理对象具有颜色，也没有正当理由来做出这样一种假设。完全类似的论证也将适用于其他感觉材料。

人们依然可以追问，是否存在某种一般的哲学论证，它使得我们能够主张：如果物质是实在的，它一定具有如此这般的性质。如上述许许多多的哲学家（也许是大多数哲学家）曾经主张：凡是实在的东西，必定在某种含义上是心灵的；或者，无论如何，凡是我们能够有所认识的东西，必定在某种含义上是心灵的。此类哲学家被称为"观念论者"。观念论者告诉我们：表现为物质的东西，实际上是心灵之物；或者是（莱布尼茨所说的）或多或少原始的心灵，或者是（贝克莱所主张的）我们通常所说的"感知"物质的那些心灵之中的观念。因此,观念论者否认存在着本质上不同于心灵的物质,尽管他们没有否认我们的感觉材料是独立于我们的私有感觉而存在的某个东西的标志。在下一章中,我们将简要考察一下观念论者用以支持其理论的那些理由,在我看来它们是错误的。

第四章　观念论

不同哲学家在多少有点不同的意义上使用着"观念论"一词。我们将把它理解为这样一种学说：任何存在的东西（或至少我们知道其存在的任何东西），在某种意义上都必须是心灵的。这种学说在哲学家中广为流传，它有着若干种形式，并且基于几种不同的依据而得到拥护。这种学说如此广为流传，本身又如此有趣，以至于即使是最简略的哲学概论，也必须对它有所论述。

那些不习惯哲学思辨的人可能倾向于把这种学说当作明显荒谬的东西而加以抛弃。毫无疑问，常识一般把桌椅、日月及物质对象视为根本不同于心灵及心灵内容的东西，即使心灵不复存在，它们仍然可以继续存在下去。我们认为物质远在心灵出现之前便已存在，很难认为它仅仅是精神活动的产物。但无论真假，观念论都不应该被当作明显荒谬的东西而加以抛弃。

我们已看到，即使物理对象确实是独立存在的，它们与感觉材料之间也一定有着广泛的不同之处，它们与感觉材料之间只可能具有一种对应，如同目录与被编目事物之间的对应。因此，关于物理对象的真正固有性质，常识没有告诉我们任何东西。如果将它们视作精神的是有充足理由支持的，那么我们就不能仅仅因为这种观点令我们感到奇怪就理所当然地加以拒斥。关于物理对象的真理必定是奇怪的。这种真理也许是无法获得的，但是如果某位哲学家相信他已经获得了，那么即使他提供的作为真理的东西是奇怪的，这一事实也不应成为反对其观点的依据。

拥护观念论的依据一般都来自知识论，也就是说，来自对于一些条件的讨论，事物必须具备这些条件，我们才能够认识它们。贝克莱第一次严肃地尝试基于这种依据来建立观念论。贝克莱的论证在很大程度上是有效的，他首先证明：我们的感觉材料不能被认为是独立于我们而存在的，而一定是至少部分地"在"心灵之中的，因为如果没有看、听、触、嗅或尝，那么感觉材料将不再存在。到此为止，他的看法几乎是确定有效的，即使他的一些论证不是有效的。但他继续论证道：感觉材料是我们的知觉可以向我们确保其存在的唯一东西，而且被知道就等同于"在"心灵之中，因此被知道的东西是心灵的。他由此得出结论：除了在心灵之中的东西，没有什么东西是能够被知道的，而且凡是被知道的东西，如果不在我的心灵之中，就必定在其他的心灵之中。

为了理解他的论证，我们需要了解他对于"观念"一词的用法。对于诸如感觉材料一样被直接知道的任何东西，他都给予了"观念"这个名字。因此，我们所看见的个别颜色是一个观念，我们所听到的声音也是如此，诸如此类。但这个术语并不完全局限于感觉材料。它还适用于被回忆或想象的事物，因为对于这些事物，我们也会在回忆或想象的那一瞬间对于它们有着直接亲知。他把所有这样的直接材料称为"观念"。

接着，他继续考察日常的对象，例如一棵树。他表明，当我们"感知"这棵树的时候，我们所直接知道的一切都是由观念（在他的"观念"一词的含义上）组成的，他还论证道：没有任何依据可以设想，除了被感知的东西，关于这棵树还存在什么实在的东西。他说，它的是（being）就在于被感知；用经院学者的拉丁语来表达，即它的"*esse*"是"*percipi*"。他完全承认，即使我们闭上眼睛或无人靠近这棵树，它也必定继续存在。但是他认为，这种继续存在是因为事实上上帝继续感知它；对应于我们所谓物理对象的这棵"实在的"树是上帝心灵之中的观念所组成的，这些观念或多或少类似于我们在看到这棵树的时候所具有的观念，不同之处在于事实上只要这棵树继续存在，这些观念便永远在上

帝的心灵之中。在他看来，我们的所有知觉都部分地参与了
上帝的知觉，正是由于这种参与，不同的人或多或少地看到
了同一棵树。因此，除了心灵及其观念，世界一无所有，也
不可能有其他东西会被认识，因为任何被认识的东西都必然
是一种观念。

这个论证中有许多谬误，它们在哲学史上是有重要影响
的，我们最好把它们揭示出来。"观念"这个词的使用一开
始就引发了混淆。我们认为，观念本质上是在某人心灵中的
某种东西，因此如果我们被告知，一棵树完全由观念构成，
那么我们会自然地设想：若真如此，这棵树必定是完全在心
灵中的。但是，在心灵"中"这个概念是模糊的。我们说把
一个人记在心中，并不是说这个人在我们的心灵中，而是说
关于他的想法在我们的心灵中。当一个人说他必须加以处理
的某件事情已经从他的心灵中消失的时候，他并不是说这件
事情本身曾经在他的心灵中，而是说关于这件事情的想法之
前在他的心灵中，但是后来不再出现在他的心灵中。因此当
贝克莱说，如果我们能够知道这棵树，那么它必定在我们的
心灵中，实际上他有权说的只是关于这棵树的想法必定在我
们的心灵中。要论证这棵树本身必定在我们的心灵中，就像
是要论证我们记在心中的人本身就在我们的心灵中。这种混
淆似乎太草率了，以至于任何有才能的哲学家实际上都不会
犯这种错误，但各种不同的附加情况却使它成为可能。为了
认识它是如何可能的，我们必须更深入地探讨关于观念性质

的问题。

在讨论观念的性质这个一般问题之前，我们必须先厘清两个在考察感觉材料与物理对象时出现的完全独立的问题。我们看到，出于各种细微理由，贝克莱将构成我们对于那棵树的知觉的那些感觉材料视为或多或少主观的。这是正确的，因为这些感觉材料既依赖于我们，也同样依赖于那棵树，而且如果那棵树不被感知到，那么这些感觉将不存在。但这种观点完全不同于贝克莱所致力于证明的东西，即任何能够被直接认识的东西都必定是在心灵中的。就这个目的而言，感觉经验之于我们的细微论证是没有用处的。一般来说，贝克莱所必须证明的是：事物被证明是心灵的，因为它们是被认识的。这就是贝克莱相信自己已经完成的任务。我们现在必须考虑的正是这个问题，而不是我们之前关于感觉材料和物理对象之间区别的问题。

就贝克莱意义上的"观念"一词而言，每当一个观念出现在心灵之前的时候，就需要考虑两个截然不同的方面：一方面是我们所察觉到的事物，比如我的桌子的颜色；另一方面是实际的察觉（awareness）本身，即领会事物的心灵行动。心灵行动无疑是心灵的，但是否有理由认为被领会到的事物在某种意义上也是心灵的呢？我们之前关于颜色的论证都没有证明颜色是心灵的；它们只证明了颜色的存在依赖于我们的感觉器官与物理对象（在我们的例子中即那张桌子）的关系。也就是说，它们所证明的是，如果正常的眼睛位于相对于桌子的某一个点之上，则在某种光线下会存在某种颜色。它们并没有证明这种颜色是在感知者的心灵中的。

在贝克莱看来，显然颜色必定是在心灵中的。这种观点的合理性看起来依赖于对于被领会的事物与领会行为的混淆。这两者都可以称为"观念"，或许两者都曾被贝克莱称为"观念"。领会行为无疑是在心灵中的；因此，当我们考虑这种行为的时候，我们都会赞同这个观点，即观念必定是在心灵中的；然而，我们忘记了这种观点仅在观念被视为领会行为的时候才是成立的，我们将"观念在心灵中"这个命题转换到了其他意义的观念之上，即转换到了被我们的领会行为领会的事物之上。因此，出于一种无意识的混淆，我们得出了这个结论——凡是我们所能领会的，都必定是在我们的心灵之中的。这看起来就是对于贝克莱论证及其论证所依赖的终极谬误的真正分析。

我们对于事物的领会中的行为与对象之间的区别这个问题是至关重要的，因为我们获取知识的全部能力都是与它息息相关的。心灵的主要特征在于有能力亲知它自身以外的事物。对于对象的亲知，本质上构成了一种心灵与心灵以外的事物之间的关系；正是这种关系，构成了我们认识事物的能力。如果我们说被认识的事物必定是在心灵中的，那么我们要么过度限制了心灵的认识能力，要么只是在说无用的废话。如果我们认为"在心灵中"的意义等同于"在心灵前"，也就是说，如果"在心灵中"的意义仅仅是被心灵领会，那么我们就只是在说无用的废话。但是，如果我们是这样认为的，那么我们就必须承认，在这个意义上，在心灵中的东西可能并不是心灵的。因此，当我们了解到知识的本质的时候，我们就会发现贝克莱的论证在形式与实质上都是错误的，并且对于贝克莱的设想，即"观念"（被领会的对象）必定是心灵的，我们发现其依据是无论如何都不成立的。因此，他用以倡导观念论的依据是可以被驳倒的，是否还有其他依据则是有待观察的。

人们常说，我们不能知道我们所不知道的任何东西是否存在，这好像是个自明之理。人们由此可推断，凡是能够以某种方式与我们的经验相关的东西，都必定至少能够为我们所知；因此，如果物质在本质上是某种我们所无法亲知的东西，那么物质将是某种我们无法知其存在的东西，也就对我们而言是完全无关紧要的。人们在一般情况下还可以推断，出于一些尚未清楚的原因，对我们来说无关紧要的东西不能是实在的，因此，如果物质不是由心灵或心灵观念构成的，那么物质是不可能的，只是一种虚构的怪物罢了。

在我们目前的阶段，完全深入考察这个论证是不可能的，因为它所提出的论点需要预先进行大量的讨论；但是，我们可以立即注意到一些拒绝该论证的理由。让我们先从结尾部分开始讨论：没有理由表明，对于我们而言没有实践重要性的东西不应该是实在的。诚然，如果将理论重要性包括在内，那么所有的实在之物对我们来说都具有一定的重要性，因为作为渴望知道关于宇宙真理的人，对宇宙所包含的一切事物都有一定兴趣。但如果把这种兴趣也包括在内，那么只要物质存在，即便我们无法知道其存在，物质于我们而言也不是无关紧要的。显然，我们可以怀疑它能不能存在，也想知道它是不是存在；因此，它与我们对于知识的渴望联系在一起，它的重要性在于，要么满足这种渴望，要么阻止这种渴望。

再者，我们不能知道我们所不知道的东西是否存在，这无论如何不是一条自明之理，事实上它也是错误的。在这里，"知道"这个词在两种不同的意义上被加以使用。在它的第一种使用中，它应用于那种与错误相对立的知识，意味着我们所知道的东西是真的，意味着应用于我们的信念和确信，即所谓的判断。在这个词的这种意义上，我们知道某事是如此这般的。这种知识可以被描述为真理知识。在"知道"这个词的第二种使用中，这个词用来表示我们的事物知识，我们可以称之为亲知（acquaintance）。正是在这种意义上，我们知道感觉材料。（这里所涉及的区别大致是法语中 *savoir* 和 *connaitre* 的区别，或者是德语中 *wissen* 和 *kennen* 的区别。①）

因此，一旦重新进行表述，那个看似自明之理的陈述就

---

① 译者注：在法语中 *savoir* 是"知道"的意思，*connaitre* 是"了解"的意思；在德语中 *wissen* 是"知道"的意思，*kennen* 是"熟悉"的意思。

变成了如下陈述："我们永远无法为真地判断我们不亲知的东西存在。"这绝不是一条自明之理，恰恰相反，这是一个明显的假命题。我没有荣幸去亲知中国皇帝①，但我为真地判断他存在。人们当然可以说他做出这个判断，是出于别人对于他的亲知。然而，这是一种无的放矢的反驳，因为即使这个原则是真的，我也无法知道有别人亲知了他。进一步地讲，没有理由表明我不能知道存在着一个无人亲知的东西。这一点很重要，需要加以阐释。

如果我正在亲知一个存在的事物，那么我的亲知使得我知道它存在。但相反的说法是不成立的，即一旦我能够知道某个事物存在，那么我或其他人就必定亲知了该事物。如果我在缺乏亲知的情况下有了真判断，那么实际情况就是，我通过描述（description）知道了这个事物，并且可以根据某种一般原则，从（该主体）所亲知的某个事物的存在，能够推导出符合这个描述的事物的存在。为了充分理解这一点，我们最好先考察一下亲知知识与描述知识之间的不同之处，然后再考虑，哪些关于一般原则的知识（如果有的话）与关于我们自身经验存在的知识有着同样的确定性。这些主题将在下面各章中加以考察。

---

① 译者注：罗素写作这部作品的时间是 1911 年，当时清帝溥仪尚未退位。

第五章　亲知知识与描述知识

　　在上一章中，我们了解到存在着两种类型的知识：事物知识和真理知识。在这一章中，我们将只考察事物知识，接着我们也将把它分为两种类型。当事物知识是那种我们称为亲知知识的知识的时候，它在本质上比任何真理知识都更为简单，并且在逻辑上独立于真理知识。尽管如此，如果设想人类在事实上亲知事物，与此同时却对关于这些事物的真理一无所知，这种设想未免是草率的。与之相反，如同我们将要在本章的叙述中发现的那样，基于描述的事物知识总是涉及一些作为其来源和根据的真理知识。不过在一开始的时候，我们必须先弄清楚我们所说的"亲知"是什么意思，我们所说的"描述"又是什么意思。

我们将主张，我们亲知自己所直接觉察到的东西，而不需要任何推理过程或者任何真理知识作为中介。因此，在我的桌子前，我亲知了构成桌子表象的感觉材料——它的颜色、形状、坚硬和光滑等等；所有这些都是我在看见和摸到这张桌子的时候所直接意识到的东西。对于我正在看着的这片颜色的具体色调，有许多与之相关的东西可说——我可以说它是棕色的，是比较暗的，等等。虽然这样一些说法使我知道了一些关于这片颜色的真理，但是它们并没有使我对于颜色本身知道得比过去更多。与关于颜色的真理知识相反，就关于颜色自身的知识而言，当我看到这片颜色的时候，我完善且充分地认识到了它，并且关于颜色本身的进一步的知识在理论上是不可能的。因此，构成我的桌子的表象的那些感觉材料是我所亲知的东西，是如其所是为我所直接知道的东西。

恰恰相反，我们关于作为物理对象的桌子的知识不是直接知识。直接知识是这样的：它是通过亲知构成那张桌子表象的感觉材料而得来的。我们已经看到，我们可以毫不荒唐地怀疑究竟有没有一张桌子，但是怀疑那些感觉材料却是不可能的。我们关于这张桌子的知识，属于我们称为"描述知识"的那种类型。这张桌子是"引起如此这般的感觉材料的那个物理对象"。这个短语使用感觉材料描述了这张桌子。为了从根本上对于这张桌子有一些认识，我们必须知道一些

真理，它们把我们所亲知的东西与这张桌子联系起来：我们
必须知道"如此这般的感觉材料是由一个物理对象引起的"。
不存在一种心灵状态，在其中我们直接察觉到这张桌子。我
们关于这张桌子的所有知识实际上都是真理知识，并且那个
作为桌子的实际东西，严格地讲，是我们一无所知的。我们
知道一个摹状词（a description），并且知道这个摹状词只适
用于一个对象，虽然这个对象本身并不是我们所直接认识
的。在这种情况下，我们说我们关于这个对象的知识是描述
知识。

　　我们所有的知识，包括事物知识和真理知识，都以亲知
为基础。因此重要的是考察一下有哪些种类的东西是我们所
亲知的。

　　我们已经了解到，感觉材料是我们所亲知的东西之一；
事实上，它们提供了亲知知识的最明显与最深刻的例子。但
如果它们是唯一的例子，那么我们的知识相比于实际情况将
受到多得多的限制。我们将只知道当前呈现给我们的感觉的
东西：我们不能获得任何关于过去的知识，甚至不能知道是
否有过去；我们也不能知道任何关于感觉材料的真理，如同
我们将要表明的那样，这是因为所有的真理知识都需要亲知
那些与感觉材料有着不同本质差异的东西，那些东西有时候
被称为"抽象观念"，但我们将称其为"普遍物"。因此，如
果我们想要对于我们的知识进行某种可接受的充分分析的
话，我们必须考察不同于感觉材料的其他东西的亲知。

在感觉材料之外，我们第一个要考虑的是基于记忆（memory）的亲知。显然，我们经常回忆曾看到、听到或者其他呈现于感觉中的东西。在这些情形中，我们仍然直接察觉到了我们所回忆的东西，尽管事实上它表现为过往的东西，而不是现在的东西。基于记忆的直接知识是我们关于过往的全部知识的来源：没有它，我们就无法通过推理而得到关于过往的知识，因为我们绝不会知道存在着任何需要加以推导的过往之物。

下一个要考虑的是基于内省（introspection）的亲知。我们不仅察觉事物，我们还经常察觉到我们察觉它们。当我看见太阳的时候，我经常察觉到我看见太阳，因此"我看见太阳"是一个我所亲知的对象。当我欲求食物的时候，我可以察觉到我对于食物的欲求，因此"我对于食物的欲求"是一个我正在亲知的对象。我们可以类似地察觉到我们感受着快乐或痛苦，通常也可以察觉到那些发生在我们心灵之中的事件。这种类型的亲知可以被称为自我意识，它是我们关于心灵之物的全部知识的来源。显然，只有我们自己心灵之中发生的东西才能以这种方式被直接知道。我们对于他人心灵之中发生的东西的知识，是通过我们对于他们身体的感知而获得的，即通过我们所具有的与他们身体相联系的感觉材料而获得的。要是我们没有亲知我们自己心灵的内容，我们将无法想象他人的心灵，也因此绝不能知道他们是具有心灵的。似乎可以很自然地假设，自我意识是把人与动物区分开来的东西之一。我们可以假设，虽然动物也有着对于感觉材料的亲知，但它们从未察觉到这种亲知。我的意思不是说动物怀疑它们是否存在，而是说动物从来没有意识到它们有感觉和情感，所以也从未意识到它们作为其感觉和情感的主体是存在的。

我们已经说过，对于我们心灵内容的亲知就是自我意识，不过它当然不是对于我们的自我的意识，它是对于具体思想与感受的意识。我们是否也亲知相对于具体思想与感受而言的我们的纯粹自我，这个问题是非常困难的。对此展开正面的讨论将是草率的。当我们试图审视我们自身的时候，我们看上去得到的总是某个具体的思想或感受，而不是拥有那个思想或感受的"我"。无论如何，人们有理由认为，我们亲知这个"我"，虽然这个亲知很难与其他东西区分开来。要弄清楚这是什么类型的原因，让我们暂时先考察一下我们所亲知的具体思想实际上涉及了什么。

当我亲知"我看见太阳"的时候，这一点看上去是很清楚的，即我亲知两种彼此不一样的东西。一方面是太阳呈现给我的那些感觉材料，另一方面是看见这些感觉材料的那个东西。所有亲知，诸如我对于太阳呈现的那些感觉材料的亲知，显然表达了亲知者与亲知者所亲知的那个对象之间的一种关系。如果在一个亲知场景中我所能够亲知的东西就是亲知（例如我亲知我对于太阳呈现的那些感觉材料的亲知），很显然那个亲知者就是我自己。因此当我亲知我看见太阳的时候，我所亲知的这个完整事实就是"对于感觉材料的自我亲知"（Self-acquainted-with-sense-datum）。

此外，我们知道"我亲知这一感觉材料"这条真理。不过很难看出我们如何能够知道这条真理，或者甚至理解这条真理意味着什么，除非我们亲知过称为"我"的某个东西。这并不一定表明我们有必要假设自己亲知一个几乎不变的人，这人在今天和昨天都是一样的，但它似乎表明我们必须亲知那个看见太阳并且亲知了感觉材料的东西，无论它的性质是什么。因此在某种意义上，我们必须亲知相对于我们的具体经验的自我。但是这个问题是困难的，而且正反两方都能援引出复杂的论证。因此，虽然亲知我们自身看上去是可能发生的，但是断言它毋庸置疑地发生了则是不明智的。

因此，我们可以将刚刚对存在事物的亲知的讨论总结如下：我们在感觉中亲知了外感官的材料，在内省中亲知了我们所谓的内感官的材料——思想、感受、欲求等等；我们在记忆中亲知了曾经作为外感官或内感官材料的东西。此外，虽不确定，但我们却可能亲知了那个察觉事物或欲求事物的自我。

除了我们对个别存在物的亲知，我们还亲知所谓的普遍物（universals），也就是一般观念，例如白、多样性、兄弟关系等等。每一个完整句子必须包含至少一个代表普遍物的词，因为所有动词都有着某个普遍的意义。稍后在第九章中我们将回到对于普遍物的讨论；就现在而言，我们只需要避免假定我们所亲知的任何事物必定是个别的与存在的。对于普遍物的察觉被称为构想（conceiving），我们所察觉的普遍物被称为概念（concept）。

人们将看到，我们所亲知的对象并不包含（与感觉材料相对立的）物理对象，也不包含着他人的心灵。我们通过所谓"描述知识"来认识这些东西，现在必须对这种知识加以考察。

关于"摹状词"，我指的是任何形如"一个如此这般的东西"或"这个如此这般的东西"的短语。我把形如"一个如此这般的东西"的短语称为"不定"摹状词，把形如"这个如此这般的东西"的单称短语称为"限定"摹状词。因此"一个人"是一个不定摹状词，而"那个戴着铁面具的男人"① 则是一个限定摹状词。有各种问题与不定摹状词相关，但在这里我不打算讨论这些问题，因为它们与我们关注的主题没有直接联系。我们要讨论的是：如果我们知道一个对应于某个限定摹状词的对象是存在的，但是我们却不亲知任何此种对象，在这种情况下关于这种对象的知识有什么性质。这个问题只和限定摹状词相关。因此在下文中，当我想表达"限定摹状词"的时候，我将直接用"摹状词"来表达。因此，一个摹状词将指的是某个形如"这个如此这般的东西"的单称短语。

---

① 译者注：17 世纪 60 年代到 18 世纪初期的法国巴士底狱曾经关押过一个神秘人物。

当我们知道一个对象是"这个如此这般的东西"的时候，也就是说，当我们知道存在一个对象并且没有其他对象具有某种性质的时候，我们会说一个对象是"基于描述而被认识的"。一般情况下，这就意味着我们没有基于亲知而获得关于这个对象的知识。我们知道那个戴铁面具的男人是曾经存在的，并且知道很多关于他的命题，但我们并不知道他是谁。我们知道那位得票最多的候选人将赢得选举，并且在那种情况下，我们很可能还亲知（仅就一个人能被别人亲知这种意义而言）那位事实上得票最多的候选人，但我们不知道他是哪位候选人；也就是说我们不知道任何形如"A 是那位得票最多的候选人"的命题，其中 A 是一位候选人的名字。即使我们知道这个如此这般的东西是存在的，我们也可能亲知了这个在事实上如此这般的对象，我们仍然不知道任何形如"a 就是这个如此这般的东西"的命题，其中 a 是我们所亲知的某个东西。在这种情况下我们会说：关于这个如此这般的东西，我们具有的是"纯粹描述的知识"。

当我们说"这个如此这般的东西存在"的时候，我们指的是存在着唯一一个如此这般的对象。"a 就是这个如此这般的东西"这个命题的意思是 a 具有如此这般的性质，并且没有其他对象具有这个性质。"A 先生是这个选区的统一党①候

---

① 译者注：此处指的是支持北爱尔兰与大不列颠统一的英国政党（unionist party）。

选人"，意味着"A 先生是这个选区的统一党候选人，并且没有其他人是这个选区的统一党候选人"。"这个选区的统一党候选人存在"的意思是"某一个人是本选区的统一党候选人，并且没有其他人是这个选区的统一党候选人"。因此当我们亲知一个如此这般的对象的时候，我们知道这个如此这般的东西存在着；但是即使我们不亲知一个对象（我们知道它是这个如此这般的东西），甚至即使我们不亲知某个对象（事实上它是这个如此这般的东西），我们也可能知道这个如此这般的东西存在着。

普通语词甚至专名，实际上通常都是摹状词。也就是说，对于正确使用了一个专名的人心中的思想而言，一般情况下只有我们使用一个摹状词去替换那个专名，这个思想才能够被表达清楚。更重要的是，表达这个思想所需要的摹状词是因人而异的，对同一个人也是因时而异的。唯一保持不变的（只要那个名字是被正确使用的）是这个名字所适用的对象。但只要这一点保持不变，那么所采用的具体的摹状词，在一般情况下不会影响那个出现该名字的命题的真或假。

让我们举例说明。假设有某个关于俾斯麦①的陈述，设想存在着对于自我的直接亲知，那么俾斯麦自己可以使用他

---

① 译者注：俾斯麦（Otto von Bismarck），德意志帝国的第一任宰相（1871—1890），人称"铁血宰相"。

的名字来直接指示这个他所亲知的特殊人物。在这种情况下，如果他做出了一个关于他自己的判断，他自己可能就是该判断的一个组成部分。在这里，这个专名就具有了它所一直期待得到的这种直接用途，即直接代表某个对象，而不是代表那个对象的摹状词。但如果一个认识俾斯麦的人做出了一个关于俾斯麦的判断，情况就不一样了。这个人所亲知的是一些感觉材料，他把这些感觉材料和俾斯麦的身体联系在一起（我们假设这种联系是正确的）。他作为物理对象的身体以及他的心灵，都只是作为与这些感觉材料相联系的身体与心灵而被认识的。也就是说，它们是通过描述而被认识的。当然，当一个人被他的朋友想起的时候，他表象中的哪些特征会出现在他朋友的心中，这在很大程度上是随机的。因此实际进入那个朋友心中的摹状词是偶然出现的。关键的地方是，那个朋友知道各种摹状词全都适用于同一个实体，尽管他当时没有亲知所谈及的那个实体。

当不认识俾斯麦的我们做出一个关于俾斯麦的判断的时候，我们心灵之中的那个摹状词可能就是一些多少有点模糊的历史知识——在大多数情况下，这些知识比起识别俾斯麦所需要的知识要多得多。不过出于解释的目的，让我们假设我们把他当作"德意志帝国的第一任首相"。在这里，除了"德意志"以外，所有的词都是抽象的。另外，"德意志"一词对于不同的人有着不同的意义。对于一些人，这个词唤起了他们德国之旅的记忆；对于另一些人，它唤起了德国在地图上的样子，诸如此类。但是，如果我们想要得到的是一个我们知道的确适用的摹状词，我们必须使它在某些方面上指称一个我们所亲知的特殊物。这样的指称包含在过去、现在和将来（不同于确定的日子）的提及中，或者是这里和那里，或者是别人曾告诉我们的东西。在这种情况下，如果我们关于所描述的事物的知识不仅仅是从这个摹状词中逻辑地推导出来的话，那么一个已知适用于某个特殊物的摹状词，看起来一定以这种或那种方式涉及了某个指称，这个指称指向了我们所亲知的某个特殊物。举个例子，"那个最长寿的人"是一个只涉及了普遍物的摹状词，它一定适用于某个人，但一旦这个判断涉及超出了该摹状词所提供的关于他的知识，关于这个人我们就不能做出某个判断。然而，如果我们说"德意志帝国的第一任首相是一位狡猾的外交家"，那么我们只能借助于我们所亲知的某个东西（通常是听到或读到的某个证言）来保证我们的判断是真的。除了我们传递给他人的信息之外，除了那个与我们的判断息息相关的关于实际的俾斯麦的事实，我们实际上拥有的思想包含了一个或多个特殊物，否则就完全是由概念组成的。

当使用所有地名——伦敦、英格兰、欧洲、地球、太阳系等——的时候，都同样涉及了一些摹状词，这些摹状词都始于某个或多个我们所亲知的特殊物。从形而上学的角度考虑，我怀疑甚至这个宇宙也包含了这样一种与特殊物的联系。相反，在逻辑上我们关注的不仅是存在物，还包括任何可以（或可能）存在（或是）的东西。逻辑不涉及实际的特殊物。

当我们做出一个关于只需描述就能被认识的东西的陈述之时，我们看起来经常有意使陈述在形式上不涉及那个摹状词，却与所描述的实际事物相关。也就是说，当我们谈及俾斯麦的时候，如果可以的话，我们应该乐于做出只有俾斯麦才能做出的那种判断，即俾斯麦本身是那种判断的成分。在这一点上，我们注定是失败的，因为实际的俾斯麦是不为我们所知的。但我们知道有一个被称作俾斯麦的对象 B，并且 B 是一位狡猾的外交家。因此我们能够描述这个我们想要确认的命题，即"B 是一位狡猾的外交家"，在这个命题中 B 是那个对象，即俾斯麦。如果我们把俾斯麦描述为"德意志帝国的第一任首相"，我们想要确认的命题可以这样描述："对于作为德意志帝国的第一任首相的这个实际对象，这个命题断言了这个对象是一位狡猾的外交官。"尽管我们所使用的摹状词是不同的，但使得我们能够互相进行交流的东西是我们知道存在着一个关于实际的俾斯麦的真命题，并且无论我们如何改变那个摹状词（只要那个摹状词是正确的），所描述的命题仍然是相同的。我们所感兴趣的东西是这个被描述和被知道为真的命题；但是我们不亲知这个命题本身，也不知道它，虽然我们知道它是真的。

人们将看到，在远离特殊物亲知的过程中有着不同的层次：对于认识俾斯麦的人而言的俾斯麦；对于仅仅通过历史知道俾斯麦的人的俾斯麦；那个戴着铁面具的男人；那个最长寿的人。这些层次是逐渐远离特殊物亲知的：对于其他人来说，第一种情况最接近亲知；在第二种情况中，我们仍然被看作知道"俾斯麦是谁"；在第三种情况中，我们不知道那个戴着铁面具的男人是谁，虽然我们能够知道很多关于他的命题，这些命题是不能够从他戴着铁面具这一事实中逻辑地演绎出来的；最后，在第四种情况中，我们只能知道从那个人的定义中可以逻辑演绎出来的东西。在普遍物的领域内也有类似的层次体系。许多普遍物就像许多特殊物一样，是只能通过描述而被我们知道的。但是在这里，正如在特殊物的情况下，关于通过描述而被知道的东西的知识，最终可以还原成关于通过亲知而被知道的东西的知识。

对包含摹状词的命题进行分析的基本原则就是：我们所能够理解的每一个命题，必定完全由我们所亲知的成分组成。

在本阶段，我们将不去回答所有可能提出的针对这个基本原则的反对意见。就目前而言，我们只将指出：我们总是可以通过不同的方式去驳倒这些反对意见，因为我们无法设想我们能够做出判断或者假定，却又不知道我们正在判断或假定的是什么。如果我们要有意义地说话，而不是仅仅发出了噪音，我们就必须为我们所使用的语词赋予某种意义，而且我们赋予语词的那种意义一定是我们所亲知的某种东西。因此比方说，当我们做出一个关于尤里乌斯·恺撒（Julius

Caesar）的陈述的时候，显然尤里乌斯·恺撒自身不在我们的心灵之前，因为我们没有亲知他。我们心灵中有的是某个关于尤里乌斯·恺撒的摹状词："那个在 3 月 15 日遭到暗杀的人"、"罗马帝国的开创者"，或者可能仅仅是"那个名为尤里乌斯·恺撒的人"（在最后这个摹状词中，尤里乌斯·恺撒仅仅是我们所亲知的一种声音或图形）。因此我们的陈述并不完全意味着它看上去所意味着的东西，而是意味着除了尤里乌斯·恺撒之外的某个东西，这个东西涉及了某种与他相关的描述，并且这种描述是完全由我们亲知的特殊物和普遍物组成的。

描述知识的主要意义在于，它使得我们能够超越我们私人经验的局限。尽管事实上，我们只能知道一些完全由我们在亲知中经验到的东西所组成的真理，但是通过描述我们仍然能够得到一些关于我们从未经验过的事物的知识。鉴于我们直接经验的范围是非常狭窄的，这个结果是非常重要的。除非理解了这个结果，否则我们的许多知识一定依然是神秘的，因此也是可疑的。

第六章　论归纳

在之前的几乎所有讨论中，我们一直在试图通过关于存在的知识来弄清楚我们的材料。宇宙中究竟有哪些东西是因为我们亲知它们而知道它们的存在呢？截至目前，我们的回答一直是：我们亲知我们的感觉材料，或许还亲知我们自己。我们知道这些东西是存在的，也知道记忆中过去的感觉材料在过去是存在的。这种知识为我们提供了材料。

但是，如果我们要从这些材料中得出推论，即如果我们要知道物质的存在、他人的存在、在我们个人记忆开始之前的过去的存在、未来的存在，我们就必须知道某种一般原则，通过这种原则，这些推论才能够被得出。我们必须知道，某一类事物 A 的存在是另一类事物 B 存在的标志，B 要么与 A 同时存在，要么比 A 稍早或稍晚，举个例子，雷声是稍早的闪电的存在标志。如果我们不知道这一点，我们就永远无法将我们的知识扩展到我们私人经验之外的领域；而如同我们所了解到的，这个领域是极其有限的。我们现在要考虑的问题是，这样一种扩展是否可能，如果可能的话，它是如何实现的。

让我们举一件无人怀疑之事加以说明。我们都确信太阳明天会升起。为什么？这个信念只是过去经验的盲目结论吗？还是说它能够被证明为一个合理信念呢？我们很难找到一个测试来判断这个信念是否合理，但我们至少能够确定何种一般信念（如果它是真的）足以辩护"太阳明天会升起"这个判断，还有我们赖以行动的许多其他类似的判断。

显然，如果我们被问及为什么我们相信太阳明天会升起，我们自然会回答："因为它每天总会升起。"我们坚信它在未来会升起，是因为它在过去已经升起。如果有人质疑我们为何相信它会一如既往地升起，我们可能会诉诸运动规律。我们会说，地球是一个自转天体，并且只要不受到外部干扰，这类天体就不会停止旋转，而地球从现在到明天都不会受到外部干扰。当然，也许有人会怀疑我们是否非常确定没有任何外部干扰，但这不是令人感兴趣的疑问。令人感兴趣的疑问是，运动规律在明天是否依然起作用。如果有人提出这个疑问，我们将会发现自己的处境与一开始提出对于太阳升起的怀疑时候的处境是一样的。

相信运动规律将继续起作用的唯一理由就是：就我们关于过去的知识使得我们能够做出的判断而言，它们一直是起作用的。的确，我们从过去得到的支持运动规律的证据多于支持日出的证据，因为日出只是一个体现运动规律的特例，而存在无数的其他特例。真正的问题在于：某种数量的过去体现规律的案例，能否提供证据表明这个规律将在未来也会得以体现？倘若不能，那么我们显然没有任何根据去期望太阳明天会升起，或者期望我们下一餐吃的面包不会使我们中毒，或者抱有那些控制我们日常生活的几乎意识不到的期望。需要注意的是，所有这些期望都只是可能的；因此，我们不必证明它们必须得以实现，我们只是寻求某种理由以表明它们有可能得以实现。

现在，在处理这个问题的时候，我们首先必须做出一个重要区分，否则我们很快就会陷入无望的混乱。经验已告诉我们，迄今为止，某种齐一的相继或共存现象的反复出现，是我们期待下一次出现相同的相继或共存现象的原因。具有某种外观的食物通常具有某种味道，当发现一种熟悉的外观与一种不寻常的味道联系在一起的时候，我们会大吃一惊。出于习惯，我们所看到的事物与触摸它们时所期待的某些触觉联系在一起；鬼的可怕之处之一（在许多鬼故事中）就在于它无法使我们获得任何触觉。未受过教育的人在第一次出国的时候，如果发现没人听得懂他们的母语，便会惊讶得难以置信。

这种联系不是局限于人，在动物那里也表现得十分明显。一匹经常在某条道路走的马，会抗拒让它往别的方向走的企图。在看到经常给它们喂食的人的时候，家禽就会期待食物。我们知道，所有这些相当原始的齐一性期待都容易产生误导。那个在鸡的一生中每天都喂养它的人，最后反而拧断了它的脖子。这表明，对鸡而言，关于自然齐一性的更精确观点是有用的。

尽管这样一些期待是具有误导性的，但是它们依然存在着。仅仅因为某件事情已经在事实上发生了一定的次数，人和动物就会期待它再次发生。因此，我们的本能确实使得我们相信太阳明天会升起，但是我们的处境可能并不比意外被拧断脖子的鸡更好。因此，我们必须区分这个事实——过往齐一性导致未来的期待，以及这个问题——在这样一些期待的有效性问题被提出之后，是否有合理根据来重视这些期待。

我们必须加以讨论的问题是：是否有理由相信所谓的"自然齐一性"？相信自然齐一性，就是相信已经发生的或即将发生的一切事情都是某个没有例外的一般规律的实例。我们所考虑的那些原始期待都遭遇到了例外，因此很容易使得那些抱有期望的人产生失望。但是科学在习惯上假定（至少作为一个工作假设）：有例外的一般规律可以被无例外的一般规则取代。"无支撑的物体在空中会掉落"是一个一般规律，对它而言，气球和飞机就是例外。但运动规律和万有引力定律解释了大多数物体会掉落的事实，也解释了气球和飞机可以上升的事实；因此，运动规律和万有引力定律没有遭遇到这些例外。

如果地球撞上了一个巨大天体，它破坏了地球的自转，那么太阳明天会升起这个信念就可能为假；但这样一个事件不会破坏运动规律和万有引力定律。科学的任务就是发现诸如运动规律和万有引力定律的齐一性，在我们的经验范围内它们是没有例外的。科学在这种探索中取得了非凡的成就，并且人们承认这种齐一性一直是成立的。这使得我们回到了这个问题：假定它们在过去一直成立，我们是否有理由认为它们在将来也会成立？

有人论证到，我们有理由知道未来会和过去相似，因为曾经的未来不断地成为过去，并且总被发现与过去相似，因此我们确实拥有关于未来的经验，即作为之前的未来的那些时间的经验，我们可以称那些时间为过去的未来。但是这样的论证实际上又引发了所讨论的问题。我们拥有的是关于过去的未来的经验，而不是关于未来的未来的经验，而问题就在于：未来的未来会和过去的未来相似吗？这个问题不能仅仅通过一个以过去的未来作为出发点的论证来解答。因此，我们仍须寻求某种原则，它使我们能够知道未来将与过去一样遵循着相同的规律。

在这个问题中，对于未来的提及不是本质的。当我们把那些在我们经验中起作用的规律应用到我们没有经验到的过去的事物的时候，同样的问题也会出现——例如在地质学中或在太阳系起源理论中的应用。我们真正应问的问题是："当两个事物被发现经常是联系在一起的，且没有任何已知的实例表明一个事物出现而另一个不出现，那么在一个新的实例中，这两个事物的其中一个出现，是否为期待另一个事物的出现提供了良好的根据呢？"我们对未来的全部期待的有效性，我们通过归纳法获得的全部结果的有效性，以及我们日常生活事实上赖以维持的所有信念，都必须依赖于我们对这个问题的回答。

　　首先我们必须承认的是，这一事实——两个事物经常被发现在一起且从不分开——本身并不足以决定性地证明：在我们考察的下一个案例中它们也将被发现在一起。我们最多只能希望，两个事物越经常被发现在一起，那么它们在另一时刻就越有可能被发现在一起。如果它们足够多次地被发现在一起，那么这种概率将几乎相当于确定性。它永远无法达到确定性，因为我们知道尽管反复出现，但有时最后还是会失败，就像被拧断脖子的鸡。因此，概率就是我们所应当寻求的一切。

　　与我们所倡导的观点相反，也许有人会主张：我们知道所有自然现象都受到规律的支配，并且我们有时候基于观察可以发现，只有一条规律有可能契合该案例的那些事实。现在，对于这个观点有两种回答。第一种回答是，即使某条无例外的规律适用于我们的案例，我们也永远不能在实践中保证我们已经发现了这条规律，而不是发现了一条有例外的规律。第二种回答是，规律的支配本身似乎只是可能的，我们相信它在未来成立或在过去未经考察的案例中成立，这一信念本身就基于我们正在考察的这条原则。

我们所考察的原则可以称为归纳原则，它的两个部分可以表述如下：

（1）如果某一 A 类型的事物一直被发现与另一 B 类型的事物是关联在一起的，并且从未被发现与 B 类型的事物是分开的，那么 A 和 B 相关联的案例越多，它们在一个新的且已知出现了两者之一的新案例中关联在一起的概率就越大。

（2）在同样的情形中，足够数量的关联案例将使得新关联的概率近乎确定性，并且无限接近于确定性。

如前所述，这个原则只适用于验证我们对于单个新案例的期待。我们还想知道的是我们有可能支持这个一般规律，即如果已知的关联案例足够多且没有已知的关联失败案例，那么 A 类型的事物总是与 B 类型的事物关联在一起。一般规律的概率明显小于特定案例的概率，因为如果这条一般规律是真的，那么那个特定案例一定也是真的，然而特定案例可能在一般规律不为真的情况下为真。不过，与特定案例的概率一样，一般规律的概率也是随着重复而增加的。因此，关于这条一般规律，我们可以将原则的两个部分重述如下：

（1）A 类型的事物与 B 类型的事物之间已被发现的关联

案例的数量越多，（如果没有已知的关联失败案例）A 总是
与 B 相关联的概率就越大。

（2）在同样的情形中，足够数量的 A 与 B 的关联案例将
近乎可以确定 A 总是与 B 相关联的，并且将使得这个一般规
律无限接近于确定性。

应该注意的是，概率总是与一定的材料相关的。在我们
的案例中，这些材料只是 A 和 B 共存的已知案例。可能有其
他材料，它们或许会被考虑在内，这将极大地改变概率。例
如，一个见过很多白天鹅的人可能会依据我们的原则论证
到，根据这些数据，所有天鹅都是白色的这一点是可能的
（probable）。这或许是一个完全可靠的论证。这个论证并没
有被某些天鹅是黑色的这个事实驳倒，因为尽管有些材料表
明一件事是不大可能发生的，但它仍然是可能发生的。在天
鹅的案例中，人们可能知道许多种类的动物都有着颜色多样
的特征，因此也知道对于颜色的归纳是特别容易出错的。这
个知识可以是一种新材料，但是它绝不能证明我们关于之前
材料的概率是被错误估算的。因此，事物经常不能满足我们
的期待这一事实并不能作为证据表明我们的期待在某个（或
某类）给定案例中将不可能得到实现。因此，我们的归纳原
则无论如何不能通过诉诸经验而被驳倒。

然而，归纳原则同样不能通过诉诸经验而被证明。对于
已被考察的案例，经验可能会令人信服地证实归纳原则；但
对于未经考察的案例，只有归纳原则才能证明那些从已被考

察的东西到未经考察的东西的推论是合理的。对于所有基于
经验的论证而言，无论论证的是关于未来的，还是关于过去
或现在未经历的部分，都预设了归纳原则；因此，我们永远
不能在不丐题的情况下用经验来证明归纳原则。在这种情况
下，我们必须要么根据其内在证据接受归纳原则，要么放弃
我们对于未来的期待的一切辩护。如果归纳原则是不可靠
的，那么我们就没有理由期待太阳明天会升起，没有理由期
待面包比石头更有营养，也没有理由期待如果从屋顶上跳下
去就会摔倒。如果我们看到某个形似我们最好的朋友的事物
在向我们靠近，我们将没有理由认为，在他身体里栖息的不
是我们最可怕的敌人的心灵，或某个完全陌生的人的心灵。
我们的所有行动都是基于过去曾发挥作用的关联，以及那些
因此被我们认为有可能在未来也发挥作用的关联；这种可能
性的有效性是依赖于归纳原则的。

　　科学的一般原则，诸如对于规律支配地位的信念，以及
对于凡事皆有因的信念，与日常生活的信念一样，都完全依
赖于归纳原则。人们之所以相信所有这些一般原则，是因为
人类已经发现无数表明它们为真的实例且没有发现表明它们
为假的实例。但是除非预设了归纳原则，否则这并不能证明
它们在未来依然为真。

　　因此，一切基于经验告诉我们未被经验的事物的知识，
都基于一种无法被经验证实与反驳的信念。至少在其更具体
的应用中，这个信念看起来如同许多经验事实在我们的心灵

之中是根深蒂固的。这样一个信念的存在与辩护——正如我们将会看到的，归纳原则不是唯一的例子——提出了一些最为困难和最有争议的哲学问题。在下一章中，我们将简要考察如何说明与解释这类知识，以及这类知识的范围与确定性程度是如何的。

第七章　论我们关于一般原则的知识

在上一章中我们了解到，对于所有基于经验的论证的有效性而言，归纳原则是必需的，但是它自身不能通过经验而得到证明，然而每个人又毫不犹豫地相信归纳原则，至少在所有具体应用中是这样的。不只是归纳原则具有这些特征，还有其他许多原则虽然无法被经验证明或反驳，却被用在始于经验之物的论证之中。

这些原则中的一部分，比起归纳原则甚至有着更有力的证据，关于它们的知识与关于感觉材料存在的知识有着相同程度的确定性。它们构成了始于感觉所得之物的推导工具；并且如果我们所推导的东西是真的，那么我们的推理原则必然应该与我们的材料一样是真的。这些推理原则容易遭到忽视，因为它们是显而易见的——我们认可其中所涉及的假设，与此同时又没有意识到它是一个假设。但如果我们要得到一种正确的知识论，那么了解推理原则的使用便是非常重要的，因为我们关于这些原则的知识产生了一些有趣但困难的问题。

在我们所有关于一般原则的知识之中，实际发生的事情是这样的：我们首先认识到一般原则的某个特殊应用，随之认识到这种特殊性是无关的，而且存在着一种可以被同等确认的一般性。在算术教学这样的事情中，这一点当然是令人熟悉的："二加二等于四"首先是在两对特殊事物的情形下习得的，然后在某个其他特殊情形下习得，依此类推，直到最终人们可能看出它在任何两对事物的情形下都是成立的。逻辑原则也是同样的。假设两个人正在讨论当天是这个月的哪一天。他们中的一个人说："至少你要承认如果昨天是 15 号，那么今天一定是 16 号。""是的，"另一个人说，"我承认这一点。""还有，你知道的，"第一个人接着说道，"昨天是 15 号，因为你和琼斯共进了晚餐，并且你的日记将告诉你那次聚餐是在 15 号。""是的，"第二个人说道，"因此，今天是 16 号。"

现在，这样一个论证就不那么难以理解了；如果人们承认它的前提在事实上是真的，那么没有人会否认其结论必定也是真的。但是，这个论证的成立依赖于一个一般逻辑原则的实例。这个逻辑原则是这样的："假设人们知道，如果这个命题是真的，那么那个命题是真的。假设人们知道这个命题是真的，那么随之可以推出，那个命题是真的。"如果这个命题为真则那个命题为真这种情况成立的话，我们将会说这个命题"蕴涵"（implies）那个命题，并且那个命题"得自"（follows from）这个命题。因此我们的原则表明，如果这个命题蕴涵那个命题，并且这个命题是真的，那么那个命题是真的。换言之，"任何被一个真命题所蕴涵的东西都是真的"，或者"任何得自一个真命题的东西都是真的"。

这个原则实际上出现在所有的证明之中，至少出现在它的具体应用中。一旦一个我们所相信的东西被用来证明我们所随之相信的其他东西，这个原则就是起作用的。如果有人问道："为什么我应该接受那些基于真前提的有效论证所得到的结论呢？"我们的回答只能诉诸我们的原则。事实上，这个原则的真是不可能被质疑的，它是如此明显，以至于看上去几乎就是不值一提的。然而，这样的原则对于哲学家而言并非不值一提，因为它们表明了我们可以拥有一些无法得自感觉对象的不可置疑的知识。

上述原则，只是许多自明（self-evident）的逻辑原则之中的一个而已。在任何论证或证明成为可能之前，至少这些原则中有一些是必须得到认可的。如果一些原则得到了认可，那么其他原则就能够得到证明，尽管只要这些其他原则是简单的，它们就与那些被认可的原则一样是显而易见的。

没有什么特别正当的理由，其中的三条原则在传统中曾经被单列出来，并取名为"思维规律"（Laws of Thought）。它们是：

（1）同一律（The law of identity）："是者，皆是。"

（2）矛盾律（The law of contradiction）："没有东西能够既是又不是。"

（3）排中律（The law of excluded middle）："每个东西一定是或不是。"

这三条规律是自明的逻辑原则的范例，但实际上较其他各种类似的原则不是更为基础或更为自明的。例如，我们现在所考察的这个原则——得自一个真命题的东西都是真的。"思维规律"这个名称，也是具有误导性的，因为重要的不是我们依据这些规律进行思考这个事实，而是事物依据这些规律进行运作这个事实；换言之，重要的是这个事实——当我们依据这些规律进行思考的时候，我们就是在为真地思考（think truly）。不过这是个大问题，我们以后必须再回到这个问题上来。

这些逻辑原则使得我们能够从一个给定前提出发，证明某个事物确定为真，除此之外还存在着其他的逻辑原则，它们使得我们能够从一个给定前提出发，证明某个东西有着更大或更小的概率为真。这样一些原则的例子——可能最重要的例子——就是归纳原则，对此我们在上一章已经考察过了。

哲学史上的一个重大论争，就是分别被称为"经验主义"与"理性主义"的两个学派之间的论争。英国哲学家洛克、贝克莱与休谟是经验主义的典型代表，他们主张我们的所有知识都源于经验；17 世纪大陆哲学家笛卡尔与莱布尼茨是理性主义的代表，他们主张除了我们通过经验所知道的东西之外，还存在着某些"天赋观念"或"天赋原则"，无需经验就能被认识。我们现在可以有一定的信心去判定这两个对立学派的真或假。必须承认，基于上述的那些理由，逻辑原则对我们而言是已知的，而且它们自身不能得到经验证明，因此所有的证明都预设了它们。因此，在这个论争最为重要的论点上，理性主义者们是正确的。

但即便我们的部分知识是逻辑上独立于经验的（也就是说经验无法加以证明），它们仍然是由经验所引发和导致的。正是借助于特殊经验，我们逐渐认识到了这些一般规律，它们示例于经验之间的联结。如果设想婴儿生下来就知道一切人们所知道的且无法从被经验的东西之中演绎而来的东西，并在这种含义上设想存在着天赋原则，这肯定是荒谬的。出于这个理由，"天赋的"这个语词现在不能被用来描述我们关于逻辑原则的知识。"先验的"（a priori）这个词组则较少受到非议，也更为经常地被现代作者采用。因此，虽然我们承认所有知识都是由经验所引发和导致的，但无论如何我们也将承认一些知识是先验的，也就是说，经验使得我们思考先验知识，同时又不足以证明它，而只是让我们注意到我们无需任何来自经验的证明，就会认识到先验知识是真的。

另外还有极其重要的一点，在这一点上，与理性主义者们相反，经验主义者们是正确的。如果不借助于经验，我们无法知道某个事物存在。也就是说，如果我们希望证明存在着某个我们对其没有直接经验的东西，那么在我们的前提之中必须有着一个或多个我们有着直接经验的东西的存在。例如，我们相信中国皇帝是存在的，这个信念是以证言为基础的，而且分析到最后，证言是由在阅读或交谈中所看到或听到的感觉材料构成的。理性主义者们相信，通过对于必定如此的东西的一般性考察，他们能够演绎出现实世界中的这个东西或那个东西的存在。他们的这个信念看起来是错误的。我们能够先验获得的与存在相关的所有知识，看起来都是假设性的：它告诉我们如果某个东西存在，那么另一个东西一定存在；或者更为一般地讲，如果一个命题是真的，那么另一个命题一定是真的。这一点示例于我们已经考察过的那些原则，诸如"如果这个命题是真的，而且这个命题蕴涵那个命题，那么那个命题是真的"，或者"如果这个命题与那个命题被反复发现是关联在一起的，在下一个出现其中一个的情形中它们可能也是关联在一起的"。因此，这些先验原则的辖域与效力是严格受限的。关于某物存在的所有知识，一定或多或少是依赖于经验的。如果某个东西被直接认识到，那么它的存在是仅仅依靠经验就可以知道的；如果某个东西被证明是存在的且没有被直接认识到，那么在这个证明中经验与先验原则都是必需的。当完全或部分地依赖于经验的时候，知识被称为经验的（empirical）。因此一切断言存在的知识都是经验的，而与存在相关的纯粹先验知识则是假设性的，这种知识告诉我们存在之物或可能存在之物之间的联系，但是没有告诉我们它们的实际存在。

先验知识不完全属于我们迄今一直在考察的那种逻辑类型的知识。关于伦理价值的知识也许就是非逻辑的先验知识的最重要例子。我说的不是关于何物有用或何者具有美德的判断，因为这些判断恰恰需要经验前提；我说的是关于事物的内在可取性（desirability）。如果某物是有用的，它的有用一定是因为它满足了某个目的；如果我们仔细观察的话，这个目的一定基于它自身的原因而具有价值，而不只是因为它对于某个更进一步的目的是有用的。因此，关于何物有用的所有判断，都依赖于关于何物基于自身具有价值的判断。

例如，我们判断幸福比痛苦更为可取，知识比无知更为可取，善意比憎恨更为可取，如此等等。这样一些判断，至少有一部分一定是直接的与先验的。与我们之前的先验判断一样，它们可以源自经验，而且实际上它们必定如此；因为看起来我们不可能判断某物是否具有内在价值，除非我们经验到同类事物。但很明显，它们不能被经验证明；因为一个东西的存在与否这个事实不能证明它的存在应该是好的还是坏的。这个主题的探索是属于伦理学的，在伦理学中已经被确立的一点是，从所是的东西演绎出所应当是的东西是不可能的。就目前的讨论而言，逻辑是先验的，也就是说这种知

识的真既不能被经验证明也不能被否证，与之类比，关于具
有本质价值的事物的知识也是先验的。认识到这一点是唯一
重要的事情。

与逻辑一样，全部纯粹数学是先验的。这种观点曾经遭
到经验哲学家们的极力否认。他们主张，经验是我们的算术
知识的来源，如同经验是我们的地理知识的来源一样。他们
坚持认为，人们看到两个东西与另外两个东西，并且发现它
们合起来构成了四个东西，由于反复体验到这一点，通过归
纳我们就会得到结论——两个东西与另外两个东西总是合起
来构成四个东西。然而，如果这就是我们关于二加二等于四
的知识的来源，那么我们应该以一种不同于我们实际所做的
处理方式来说服我们接受它为真。事实上，我们对于二的抽
象思考需要一定数量的实例，而不是两个硬币、两本书或两
个人，或者两个其他特定种类的东西。但是一旦我们能够从
我们的思想中去除无关的特殊性，就能够了解二加二等于四
这个一般原则；任何一个实例看起来都是典型的，考察其他
实例也变得没有必要。①

相同的情况可以推广到几何学。如果我们想要证明所有
三角形都具备的某个性质，我们画出某一个三角形，接着对
它进行推理；我们能够避免使用任何一个它不与所有其他三

---

① 参见 A. N. Whitehead, *Introduction to Mathematics*（Home University Library）。

角形共享的性质，因此从我们的特殊情形之中，我们得到了一个一般结论。事实上我们不会觉得，我们关于二加二等于四的确定性会随着新实例的增加而继续提升，因为一旦我们了解到这个命题为真，我们的确定性就变得如此之强以至于不能再有所增长了。更重要的是，关于"二加二等于四"这个命题，我们能感觉到某种必然性质，但即使是经过最完善检验的经验概括，也不具备这种性质。这样的概括总是停留在单纯事实的层次；我们感觉到可能存在着一个世界，在其中它们是假的，虽然在现实世界中它们碰巧为真。相反，在某个可能世界之中，我们感觉到二加二会等于四；这不是一个单纯的事实，而是一切现实之物与可能之物都必须遵从的必然性。

通过考察一个真正的经验概括，诸如"所有人是有死的"，可以使这个情况变得更为清楚一些。显然，我们相信这个命题，第一是因为没有长生不死的已知例子，第二是因为诸如人体的有机体迟早会衰亡这样的想法看上去是有生理学依据的。如果不考虑第二种理由，并且只考虑我们关于人不免一死的经验，那么显然我们应该不会止步于一个被完全清楚理解的关于人的死亡的例子。与此同时，在"二加二等于四"这个情况中，一旦它得到了仔细的考察，一个实例就足以说服我们承认：相同情况也必然会出现在任何其他实例中。通过反思，我们也会被迫承认：对于是否所有人是有死的，可能存在着某种质疑，尽管这种质疑是轻微的。尝试想象一下两个不同的世界，在一个世界中存在着不死之人，在另外一个世界中二加二等于五，我们就可以明白这一点。如果斯威夫特请我们考虑一下不死的斯特鲁布鲁格族①，我们就会获得这种想象。但是一个二加二等于五的世界，看起来是在一个不同的层次上的。我们觉得，如果这样的一个世界存在的话，会颠覆我们的全部知识体系，会把我们带回到怀疑之中。

　　事实上，对于诸如"二加二等于四"这样的简单数学判断以及许多逻辑判断，我们都能够知道其中的一般命题，并且不需要从实例中推导出来。尽管为了弄清楚这个一般命题意味着什么，实例通常都是必需的。这就是为什么演绎进程与归纳进程一样有着现实效用。演绎是从一般到一般，或者从一般到特殊；归纳则是从特殊到特殊，或者从特殊到一般。这是一个发生于哲学家之间的古老论争——演绎是否产生新知识。我们现在能够看到，至少在某些场景中演绎确实产生了新知识。如果我们已经知道二加二总等于四，我们也知道布朗和琼斯是两个人，罗宾森和史密斯也是两个人，我们能够通过演绎得知：布朗和琼斯、罗宾森和史密斯是四个人。这是新知识，不包含在我们的前提之中，因为这个一般命题"二加二等于四"未曾告诉我们存在着布朗和琼斯、罗

---

　　① 译者注：斯特鲁布鲁格（Struldbrug）是英国作家乔纳森·斯威夫特（Jonathan Swift）的小说《格列佛游记》（*Gulliver's Travels*）中的一个只会衰老却不会死去的种族。

宾森和史密斯这些人，而且这些特殊前提也没有告诉我们存在着他们四个人，与此同时通过演绎得到的这个特殊命题恰恰告诉了我们这两件事情。

但这种知识是不是新的则不那么确定，如果我们考察一下那个经常出现在逻辑书本中的演绎实例——"所有人是有死的；苏格拉底是人，因此苏格拉底是有死的。"在这个例子中，我们实际上知道的且免于合理怀疑的东西，是某些人如 A、B、C 是有死的，因为事实上他们都死了。如果苏格拉底是这些人中的一个，以一种迂回的方式从"所有人是有死的"得出苏格拉底可能是有死的这个结论，是一种愚蠢的做法。如果苏格拉底不是作为我们的归纳基础的这些人中的一个，那么我们的论证就算直接从 A、B、C 推进到苏格拉底，也依然胜过迂回到这个一般命题"所有人是有死的"。根据我们的材料，苏格拉底有死的概率要高于所有人有死的概率。（这是显然的，因为如果所有人是有死的，那么苏格拉底是有死的；但是如果苏格拉底是有死的，推不出所有人是有死的。）因此，比起我们采用"所有人是有死的"并随之加以演绎的方式而言，如果我们以纯粹归纳的方式得到我们的论证，我们将以具备更强的确定性方式得到苏格拉底是有死的这个结论。

这个例子说明了诸如"二加二等于四"这样的以先验方式获知的一般命题与诸如"所有人是有死的"这样的经验概括之间的区别。针对前者，演绎是正确的论证模式，与此同时，针对后者，归纳永远在理论上是更受青睐的，它也保证了我们对于结论的真有着更大的信心，因为所有的经验概括比起它们的实例而言是更为不确定的。

　　我们现在已经看到，有一些命题是以先验方式被知道的，它们包括了逻辑命题与纯粹数学命题，也包括了基础伦理命题。我们接下来必须要考察的问题是：这种知识的存在何以可能？更为具体地讲，如果我们没有考察所有的实例，而且因为它们的数量是无穷的，我们事实上也无法全部考察它们，那么关于一般命题的知识是如何能够存在的呢？德国哲学家康德最初明确提出了这些问题，它们是非常困难的，在历史上也是非常重要的。

第八章　先验知识是如何可能的

伊曼努尔·康德被公认为最伟大的现代哲学家。即使经历了七年战争①与法国大革命，他也从未中断在东普鲁士哥尼斯堡的哲学教学。他最杰出的贡献，是开创了他所谓的"批判"哲学。这种哲学默认存在着不同种类的知识，探究这些知识何以可能，并且从对于这种探究的回答中演绎出了许多关于世界本质的形而上学结论。人们当然可以怀疑这些结论是否成立。但毫无疑问的是，康德在两件事情上是值得

---

① 译者注：七年战争（Seven Years War）是英国-普鲁士联盟与法国-奥地利联盟之间发生的一场战争，战争于 1756 年开始，于 1763 年结束，持续时间长达七年，故称为"七年战争"。

赞许的：第一，他认识到我们具有的先验知识不是纯粹"分析的"，也就是说，这种分析的知识的反面是自相矛盾的。第二，他证明了知识论在哲学上的重要性。

在康德之前，人们一般认为，知识只要是先验的，就一定是"分析的"。一些例子可以很好地说明这个词语的意思。如果我说，"一个秃头的人是人"，"一张平面图是图"，"一位糟糕的诗人是诗人"，我所做出的是纯粹分析判断：我所谈到的主词至少被赋予了两种性质，其中一种性质被挑选出来用以断言主词。上述这样一些命题是琐碎的，在现实生活中，除非演讲家在为一次诡辩做准备，否则永远不会被提及。它们被称为"分析的"，因为谓词仅仅通过分析主词就能获得。在康德时代之前，人们认为，我们能够先验肯定的所有判断都是这种类型的：所有这类判断之中都有一个谓词，这个谓词只是它所断言的主词的一部分。如果确实如此的话，那么一旦我们试图否定任何可以被先验知道的东西，我们将陷入一个明确的矛盾之中。"一个秃头的人不是秃头的"既断言又否定同一个人是秃头的，是自相矛盾的。因此，在康德之前的哲学家们看来，矛盾律断言了没有东西能够同时既具有又不具有某个性质，它足以确立所有先验知识的真。

康德之前的休谟接受了什么使得知识成为先验的这种通常的看法。休谟还发现，许多情形之前被视为分析的，尤其是关于原因与结果的情形，实际上它们的联结是综合的。在休谟之前，至少理性主义者们认为，只要拥有足够多的知识，我们就可以从原因中逻辑地演绎出结果。休谟证明了这是做不到的，现在人们公认他是正确的。他随之得出了这个更令人生疑的命题，即我们无法得到任何关于因果联结的先验知识。康德是在理性主义传统下受教育的，他对于休谟的怀疑论深感不安，并致力于为它找到一种答案。他认识到，不仅因果联结，而且所有算术命题与几何命题都是"综合的"，即不是分析的。在所有这些命题中，对于主词的任何分析都无法揭示谓词。他的常用例子是 7＋5＝12 这个命题。他非常正确地指出，7 和 5 必须合在一起才得到 12；12 这个观念不包含于它们之中，也不包含于把它们相加在一起的这个观念之中。因此他得出了这个结论——所有纯粹数学，虽然是先验的，但也是综合的；这个结论产生了一个新问题，康德一直在努力寻找这个问题的解决方案。

康德在其哲学开始处就提出了这个问题，即"纯粹数学是如何可能的?"，它是一个有趣又困难的问题。对于这个问题，一切不是纯粹怀疑论的哲学，都必须找到某种答案。纯粹经验主义者的回答是，我们的数学知识是从特殊实例中通过归纳得来的。我们已经了解到这种回答是不完善的，出于这么两个原因：第一，归纳原则本身的有效性无法通过归纳得到证明；第二，诸如"二加二等于四"的一般数学命题，通过思考单一实例，显然就能够被确定地知道。枚举这些数学命题成立的其他情形是无所增益的。因此，相比关于经验概括的知识（它们仅仅是可能的），例如"所有人是有死的"，我们关于一般数学（逻辑也是如此）命题的知识，必须要用不同的方式来加以解释。

这个问题产生于这样一个事实——这种知识是一般的，而一切经验都是特殊的。看起来奇怪的是，我们竟然能够预先知道某些关于我们尚未经验到的特殊东西的真理；但逻辑与算术适用于这些事物却是不容置疑的。我们不知道一百年之后哪些人是伦敦居民，但我们知道他们中的任意两个人与其他任意两个人加起来总共是四个人。我们有能力预测到关于我们未曾经验到的事物的事实，这种能力是显而易见的，无疑也是令人惊叹的。康德对这个问题的解答方案是有趣的，尽管在我看来是不成立的。然而，康德的方案是非常晦涩的，而且不同哲学家对其有着不同的理解。因此，我们只能给出它最简单的纲要，即便如此都会被康德体系的许多拥趸认为是误导性的。

康德的主张是，在我们的全部经验中有着两种需要加以区分的成分，一种源于对象（即我们称作"物理对象"的东西），另一种源于我们自身的本性。在讨论物质与感觉材料的时候，我们已经看到，物理对象不同于与之关联在一起的感觉材料，感觉材料也被认为产生于物理对象与我们自身所进行的互动。至此，我们都同意康德的见解。不过，康德的独特之处在于他对我们自身与物理对象对应成分的分配方式。他认为在感觉中得到的原材料，如颜色、坚硬等，都是源于对象的，我们所提供的是在空间和时间中的组合方式，以及感觉材料之间的所有关系。这些关系来自比较，或者来自把一个材料当作另一个材料的原因，或者某种其他方式。他用以支持这种观点的主要理由是，对于空间、时间、因果性与比较，我们看上去有着先验知识，而对于实际的原始感觉材料则没有先验知识。康德认为，我们能够肯定的是，我们所经验到的任何东西一定都会呈现出它在我们的先验知识中被断定具有的那些特征，因为这些特征源于我们自身的本性。因此，任何不具备这些特征的东西都不能进入我们的经验之中。

康德称这种物理对象为"物自体"①（thing in itself），他认为它在本质上是不可知的；可知的是我们在经验之中所具有的对象，他称之为"现象"（phenomenon）。现象是我们与物自体的联合产物，它肯定具有源于我们的那些特征，所以也肯定符合于我们的先验知识。虽然这种知识适用于所有现实的与可能的经验，但是一定不能设想把它应用于经验之外。因此，尽管先验知识是存在的，但是对于物自体，或对于任何不是现实的或可能的经验对象的东西，我们依然是一无所知。通过这种方式，他试图解决并调和经验主义者与理性主义者之间的论争。

---

① 康德的"物自体"在定义上与物理对象是相同的，即它是感觉的原因。在从定义推导出的性质方面，它们是不同的，因为康德认为（尽管在原因方面有着某种不一致）我们能够知道这些范畴都不可以应用于"物自体"。

除了可以被用来批评康德哲学的那些次要理由，还有着一种主要反对意见。对于任何以康德的方法去处理先验知识问题的努力而言，这种反对意见看起来都是致命的。需要解释的是，我们如何确定事实必须永远符合逻辑与算术这一点。这种说法——逻辑与算术是源于我们的，是解释不了这一点的。我们的本性，与任何事物一样，也只是现存世界的一种事实，没有确定理由表明它会保持不变。如果康德是对的，可能会发生一种情况——我们的本性会在明天发生改变以至于二加二会等于五。康德似乎从来没有考虑过这种可能性，但它仍然彻底摧毁了康德所竭力赋予算术命题的确定性与普遍性。从形式上看，这种可能性确实与康德的这个观点不一致，康德认为时间本身是主体施加于现象的一种形式，因此我们的实在自我不在时间之中，也没有明天。但他仍然不得不假设，现象的时序被现象背后的东西的特征支配。而这一点足以构成我们论证的基础。

更重要的是，只要稍加思索似乎就可以明白，如果在我们的算术信念之中存在着一些真理，那么无论我们是否思考这些东西，这些信念一定同样适用于它们。两个物理对象与两个其他的物理对象一定组成了四个物理对象，即使物理对象没能被经验到。这种断言，当然是当我们说出二加二等于四时在我们的意思范围之内的。它的真是无可置疑的，如同"两个现象与两个其他现象组成了四个现象"这个断言的真一样。因此，康德的方案过度限制了先验命题的范围，此外还无法解释它们的确定性。

除了康德提倡的这些特定学说，哲学家们普遍认为，先验之物在某种意义上是心灵的，与先验之物相关的是我们必然具有的思维方式，而不是外在世界的任何事实。在上一章中，我们提及了通常被称为"思维规律"的三条原则。导致它们如此命名的那种观点是一种自然的观点，但是有很充分的理由认为它是错误的。让我们以矛盾律为例加以说明。这条规律通常的陈述形式是"没有东西能够既是又不是"，它用以表达这个事实——没有东西能够同时具有与不具有一种给定性质。举例来说，如果一棵树是山毛榉，它不能又不是山毛榉；如果我的桌子是长方形的，它不能又不是长方形的；如此等等。

现在之所以很自然地称这种原则为一条思维规律，是因为我们是凭借思维，而不是凭借外在观察，我们自身相信它是必然为真的。当我们看到一棵树是山毛榉的时候，为了明确它是不是山毛榉，我们无需再去观看它；仅仅凭借思维，我们就知道这是不可能的。尽管如此，矛盾律是一条思维规律这个结论是错误的。当我们相信矛盾律的时候，我们所相信的不是这样一种观点，即心灵的构成方式使得心灵必须相信矛盾律。这条信念是心理反思所带来的一个结果，心理反思预设了矛盾律信念。矛盾律信念是关于事物的信念，不只是关于思想的信念。它不是这样的信念：（例如）如果我们认为（think）某棵树是山毛榉，那么我们不能同时认为

（think）它不是山毛榉。它是这样的信念：如果那棵树是（is）山毛榉，那么它不能同时不是（is）山毛榉。因此矛盾律是关于事物的，而不只是关于思想的；而且虽然矛盾律信念是思想，但矛盾律本身不是思想，而是一个关于世间事物的事实。如果当我们相信矛盾律的时候我们所相信的这种东西不适用于世间事物，那么即使我们不得不认为矛盾律是真的，也不会使得矛盾律免于为假；而这表明这条规律不是一条思维规律。

类似的论证也适用于任何其他先验论证。当我们判断二加二等于四的时候，我们所做出的不是关于我们思想的一个判断，而是关于所有现实与可能的成对事物的一个判断。这个事实——我们心灵的构造方式使得我们相信二加二等于四——虽然是真的，但当我们断言二加二等于四的时候，它显然不是我们所断言的东西。而且，关于我们心灵构造的任何事实都不能够使得二加二等于四为真。因此，如果我们的先验知识不是错误的，那么它就不仅仅是关于我们心灵构造的知识，还可以适用于这个世界可能包含的任何东西，包括心灵的东西与非心灵的东西。

事实看起来是这样的：我们的先验知识所关注的实体，严格地讲，是不存在于心灵世界中或物理世界中的。这些实体是那些能够用言语之中的非名词部分加以命名的东西，它们就是诸如属性与关系这样的实体。例如，假设我在我的房间里面。我存在，我的房间也存在；但是“在……里面”

（in）存在吗？但是显然这个语词"在……里面"是有意义的；它指称了形成于我和我的房间之间的一种关系。这个关系是某个东西，虽然我们不能在我和我的房间存在那种意义上说它存在。"在……里面"这个关系是我们能够思考和理解的，因为如果我们不能理解它，那么我们也不能理解"我在我的房间里面"这个句子。追随康德的许多哲学家都宣称：关系是心灵的产物，事物本身不具有关系，而是心灵在思想活动中把它们组合在一起，进而产生出心灵所判断它们具有的那些关系。

　　这个观点和我们以往用来反对康德的观点一样容易遭到反驳。使得"我在我的房间里面"这个命题为真的东西，显然不是思想。一只蠼螋在我的房间里面，这可能是真的，即使我、这只蠼螋或其他人都没有意识到这个真理；因为这个真理只涉及了这只蠼螋与这个房间，而不依赖于任何其他事物。因此，关系必须位于一个既非心灵也非物理的世界之中，我们将在下一章展开更为全面的讨论。这个世界在哲学上是极为重要的，尤其是对于先验知识问题而言。在下一章中，我们将会进一步探讨它的本质，以及它对于我们一直在关注的那些问题的意义。

第九章　普遍物的世界

在上一章的结尾处，我们了解到，诸如关系这样的实体，看上去具有一种是态（have a being），这种是态在某种方式上不同于物理对象所具有的是态，也不同于心灵与感觉材料所具有的是态。在本章中，我们要来考察这种是态的性质是什么，以及何种对象具有这种是态。我们先从后一个问题开始。

我们现在考察的问题是一个非常古老的问题，是柏拉图把它带入哲学之中的。柏拉图的"理念论"是解决这个问题的一个尝试，而且在我看来，它是迄今为止最为成功的尝试之一。下文中主张的理论在很大程度上是柏拉图的，只是在时代要求下做出了一些必要改动。

柏拉图提出这个问题的方式，大概如下所述。让我们考察正义（justice）这个概念。如果我们问自己：正义是什么，那么我们自然要去考虑这个、那个或其他的正义行为，着眼于发现它们所共同拥有的东西。在某种含义上，它们必定全都分有一个共同性质，这个性质在一切正义的东西之中被发现，而且不会在其他东西之中被发现。因为它们全都是正义的，这个共同性质便是正义本身，这种纯粹本质与日常生活事实的结合，产生了正义行为的多样性。任何适用于普通事实的其他语词，例如"白"，也是类似的情况。这个语词，可以应用于许多特殊事物，因为它们全都分有一个共同性质或本质。这个纯粹本质，被柏拉图称为"理念"（idea）或"型相"（form）。（在柏拉图的含义上一定不可以认为"理念"存在于心灵之中，虽然它们可以被心灵领会。）正义这个"理念"不等同于任何正义之物：它不同于特殊物，它是被特殊物分有的。它不是特殊的，它自身不能够存在于感觉世界之中。更重要的是，它不像可感事物那样易逝或可变：它自身是永恒的、不可改变的和不可分解的。

因此，柏拉图发现了一个超感觉世界，它比普通的感觉世界更为实在。这个不变的理念世界，在感觉世界之中产生了对一切属于理念世界的实在的微弱反映。真正的实在世界，对于柏拉图而言，就是理念世界；对于感觉世界的事物，无论我们试图说些什么，我们都只能说它们分有如此这般的理念，这些理念因此构成了它们的全部性质。这种想法很容易陷入神秘主义之中。在某种神秘主义的启示下，我们可以期望看到这些理念，如同我们看到感觉对象一样；我们也可以想象这些理念存在于天堂。这些神秘主义的想法是非常自然的，但是这种理论的基础是合乎逻辑的，正因为它有着逻辑基础，我们才必须对它加以考察。

在过往的时光中，"理念"这个语词引发了许多联想，当被应用到柏拉图的"理念"之上的时候，这些联想很容易产生误解。我们因此将使用"普遍物"一词来替代"理念"这个语词，来描述柏拉图所意谓的东西。柏拉图所意谓的这类实体的本质，是与感觉之中的具体特殊物相对立的。对于感觉之中的任何特殊物，或者与感觉之中的特殊物有着相同性质的任何事物，我们将其视为一种特殊物；与之相反，普遍物是某种可以被许多特殊物分享的东西，而且如同我们所看到的，它的那些性质把正义与白和正义的行为与白的事物区分开来。

当我们考察普通语词时，我们发现，一般说来，专名代表特殊物，与此同时名词、形容词、介词与动词代表普遍物。代词代表特殊物，却又是有着不同含义的：只有通过上下文或者语言环境，我们才能知道它们代表的是什么特殊物。"现在"这个语词代表了一个特殊物，即当下的时刻；但是与代词一样，它代表一个有着不同含义的特殊物，因为当下总是在变化的。

我们将看到，任何一个句子的构成，都需要至少一个指称普遍物的语词。最接近的方式是诸如"我喜欢这个东西"（I like this）这样的句子。但即使在这里，"喜欢"这个语词也指称了一个普遍物，因为我可以喜欢其他东西，其他人可以喜欢某些东西。因此，所有的真理都涉及了普遍物，所有的真理知识都涉及了对普遍物的亲知。

虽然词典里出现的几乎所有的语词都代表普遍物，但奇怪的是，除了学哲学的人，很少有人认识到存在着诸如普遍物这样的实体。我们自然不会去仔细琢磨一个句子中的那些不代表特殊物的语词；而且如果我们不得不仔细琢磨一个代表普遍物的语词，我们自然会认为它代表了位于该普遍物之下的某一个特殊物。例如，当我们听到"查理一世的脑袋被砍掉了"这个句子的时候，我们非常自然地会去思考查理一世、查理一世的脑袋，以及砍掉他的脑袋这个行为，它们全都是特殊物；我们自然不会去仔细琢磨代表普遍物的"脑袋"这个词或"砍"这个词指的是什么。我们觉得这样的语词是不完整的和非实体性的；在能够使用它们做点什么之前，它们看起来都需要一个语境。因此我们完全避免关注这样的普遍物，直到哲学研究迫使我们注意到它们。

即使在哲学家之中，我们也可以大致认为，只有那些由形容词或名词所命名的普遍物，才得到过一定程度或数量的关注，与此同时那些由动词和介词所命名的普遍对象通常是被忽视的。这种疏忽曾经产生了非常深远的哲学影响；自从斯宾诺莎以来，大部分形而上学在很大程度上受制于这种疏忽，这么说是不过分的。概括地讲，这种情况发生的方式是这样的：一般而言，形容词与普通名词表达了单个事物的属性或性质，介词与动词则倾向于表达两个或多个事物之间的关系。因此，对于介词与动词的忽视产生了这个信念——每个命题都能够被视为把一个性质赋给一个单独事物，而不是表达了两个或多个事物之间的关系。因此，人们设想根本不能存在着诸如事物之间的关系这样的实体。因此，要么宇宙之中只能存在着唯一一个事物，要么存在着许多事物，它们不能够以任何方式发生相互作用，因为任何相互作用都会是一种关系，而关系是不可能的。

这些观点的第一种是由斯宾诺莎提出来的，也是在我们今天这个时代被布拉德雷与许多其他哲学家持有的，它被称为一元论（monism）；第二种观点是由莱布尼茨提出来的，不过如今已不是很流行，它被称为单子论（monadism），每一个孤立的事物都被称为一个单子（monad）。这两类相反的哲学虽然是很有趣的，但在我看来，都产生于过度关注一类普遍物，即由形容词与名词而不是动词与介词所代表的那类普遍物。

事实上，如果有人急于完全否认存在着诸如普遍物这样的东西，那么我们将会发现，我们不能严格证明存在着诸如属性（qualities）的实体，即由形容词与名词所代表的那些普遍物，与此同时我们又能证明必定存在着关系（relations），即一般由动词与介词所代表的那类普遍物。让我们以白（whiteness）这种普遍物为例加以说明。如果我们相信存在着这么一种普遍物，我们将会说：一些事物是白的，因为它们具有白这种属性。然而，这种观点是贝克莱与休谟极力反对的，后来的经验论者们在这一点上继承了他们的看法。他们的反对所采取的方式是，否认存在着诸如"抽象观念"的事物。他们认为，当我们要思考白的时候，我们会形成一幅关于某个白的特殊物的图像，并且围绕着这个特殊物进行推理，同时会小心翼翼地避免推导出任何与之相关但我们又无法看出适用于其他白的事物的东西。作为对于我们的实际心灵进程的一种解释，这种想法在很大程度上是成立的。例如，在几何学中，当我们希望证明某个适用于所有三角形的东西的时候，我们画出一个特殊的三角形来进行推理，小心翼翼地避免用到任何它不与其他三角形所共享的性质。为了避免错误，初学者经常发现多画几个彼此之间尽可能不同的三角形是有用的，目的就是确保他的推理是同样适用于所有这些三角形的。但是一旦我们问自己如何知道一个事物是白的或是一个三角形，困难就出现了。如果我们希望避免涉及白（whiteness）与三角形（triangularity）这些普遍对象，我们将选用某个白的片段，或某个个别的三角形，并且说明某个事物是白的或是一个三角形，如果它与我们选中的个别物具有确凿的相似性。但这样的话，所要求的这种相似性将不得不是一种普遍物。由于存在着许多白的事物，这种相似性必须成立于许多成对的白的特殊物之间；而这就是普遍物的特征。说每对事物的相似性不同是没有用处的，因为那样的话我们将不得不说这些相似性彼此之间是相似的，而且最终我们将被迫承认相似性之为一种普遍物。因此，这种相似性关系一定是一种真实的普遍物。一旦我们不得不承认这个普遍物，我们将发现不再需要去构造那些困难且不可信的理论，用以避免承认诸如白与三角形这样的普遍物。

贝克莱与休谟没有察觉到，他们对于"抽象观念"的反对意见遭遇到了这种反驳，因为如同他们的对手一样，他们只考虑了性质（qualities），并且都忽视了作为普遍物的关系（relations）。因此在这里我们有了另一种视角来看待理性主义，在反对经验论者的同时，理性主义者们看上去是正确的，尽管由于忽视或否定了关系，理性主义者们所进行的那些演绎（如果有的话），与经验主义者的演绎相比是更为容易出错的。

现在我们已经看出必定存在着作为实体的普遍物，下一步要证明的东西就是，它们的是态不仅仅是心灵的。这就意味着，不管它们具有什么是态，这些是态不依赖于它们被思考到或者以某种方式被心灵领会到。在上一章的结尾处，我们已经触及了这个主题，但我们现在必须更加仔细地考虑：何种是态是属于普遍物的。

考虑一下诸如"爱丁堡是在伦敦以北的"这个命题。在这里我们有了一种两个地点之间的关系，而且看起来很自然的是，这种关系的存在不依赖于我们对于它的知识。一旦我们知道了爱丁堡是在伦敦以北的，我们就知道了某个只和爱丁堡与伦敦有关的东西；我们没有因为知道这个命题而使得它为真，与之相反，我们只不过是领会了一个事实，它在我们知道它之前就已经存在了。即使没有人知道南和北，即使根本没有任何心灵存在于宇宙中，爱丁堡在地球表面所占据的部分，也会是在伦敦所占据的部分以北的。当然，许多哲学家否认了这一点，不论是出于贝克莱的理由还是康德的理由。我们已经考察过这些理由，并且确定它们是不充分的。因此我们现在假定这种观点是成立的，即在爱丁堡是在伦敦以北的这个事实之中没有预设任何心灵之物。但是这个事实涉及了"在……以北"这个关系，它是一个普遍物；如果"在……以北"这个关系是这个事实的构成成分，并且它确实涉及了某种心灵之物，那么整个事实就不可能没有涉及心灵之物。因此，我们必须承认这种关系与它关联的那些项一样，是不依赖于思想的，而是属于思想领会但不创造的这个独立世界。

然而，这个结论遭遇了一个困难——"在……以北"这个关系并不是在爱丁堡和伦敦存在那种意义上存在着的。如果我们问道："这个关系何时何地存在？"答案一定是"无处存在，无时存在"。没有一个地方或时刻，我们能够在其中发现"在……以北"这个关系。这个关系既不存在于爱丁堡，也不存在于伦敦，因为它关联着这两个城市，并且中立于它们之间。我们也不能说它存在于某个特殊时刻。一切能够通过感觉或通过内省认识到的东西，都存在于某个特殊时刻。因此，"在……以北"这个关系根本不同于这些事物。它既不在空间之中，也不在时间之中，它既不是物质的，也不是心灵的；它依然是某个东西。

　　这种非常独特的是态类型在很大程度上是属于普遍物的，这种是态曾使得很多人设想普遍物是心灵的。我们能够对于一个普遍物加以思考，而且如同任何其他的心灵行为一样，我们的思考在一种非常普通的含义上是存在的。例如，假设我们正在思考白。那么在一种含义上人们可以说，白"在我们的心灵之中"。在这里有一种歧义性，它与我们在第四章讨论贝克莱的时候所提及的那种歧义性是相同的。在那种严格含义上，在我们心灵之中的不是白，而是思考白这个行为。我们在当时提及的"理念"这个语词所具有的相关歧义性，也引发了这里的混淆。在这个语词的一种含义上，即它指称一个思考行为的对象这个含义上，白是一个"观念"。因此，如果这种歧义性没有获得澄清，我们可能会在另一种含义上认为白是一个"观念"，即思考行为；因此进而认为白是心灵的。但是在这么想的时候，我们剥离了它的本质属性——普遍性。一个人的思考行为与另一个人的思考行为，必然是不相同的；一个人在某个时间的思考行为与同一个人在另一个时间的思考行为，也必然是不相同的。因此，如果白是思想而不是思想的对象，那么没有两个不同的人能够思考它，并且没有人能够思考它两次。种种关于白的不同思想所共同具有的东西就是它们的对象，并且这个对象与它们全都是不相同的。因此，普遍物不是思想，尽管当被认识到的时候它们是思想的对象。

我们将会发现，只有在事物处于时间之中的时候，也就是说，在我们能够指出某个它们存在的时间的时候（这并不排除它们永久存在的可能性），谈论它们的存在才是方便的。因此，思想与感觉、心灵与物理对象都存在。但普遍物不是在这种含义上存在的；我们将说它们是潜存的（subsist）或具有是态（have being）的，在这里"是态"（being）与"存在"（existence）是相反的，是没有时间要求的。因此，普遍物的世界，也可以被描述为是态的世界。是态的世界，是不变的、固定的、精确的，是数学家、逻辑学家、形而上系统建构者以及所有热爱完美甚于热爱生活的人所欢迎的。存在的世界是流逝的、模糊的、没有清晰边界的、没有任何明确计划或安排的，但是它包含了所有的思想与感觉、所有的感觉材料、所有的物理对象，还有一切有益或有害的东西，以及一切对生命价值与这个世界产生不同影响的东西。根据我们的性情的不同，我们会偏好于思考某个世界或另一个世界。我们所不偏好的那个世界，可能对我们来说，看起来就是我们所偏好的世界的一个投影，而且几乎在任何意义上都不值得被认为是实在的。但真正的情况应该是，这两个世界拥有我们同等的关注，它们都是实在的，而且对于形而上学家而言，这两个世界都是重要的。实际上，一旦我们区分开两个世界，也就有必要考虑它们的关系了。

但首先，我们必须考察我们关于普遍物的知识。在下一章中我们将考察这个议题，在那里我们将发现它解决了先验知识的问题，我们正是从它开始考察普遍物的。

第十章　论我们关于普遍物的知识

就一个人在一定时间的知识而言，普遍物与特殊物一样可以被划分为那些通过亲知而被知道的东西、那些通过描述而被知道的东西，以及那些既不通过亲知也不通过描述而被知道的东西。

让我们首先考虑基于亲知而得到的普遍物的知识。首先，显而易见的是，我们亲知到了诸如白、红、黑、甜、酸、响、硬等普遍物，也就是说，我们亲知到了那些体现在感觉材料之中的属性。当我们看到一个白的色块的时候，我们一开始亲知到的是这个特殊的色块；但是通过看许多白的色块，我们很容易就学会抽象出它们的共有之物——白，而且在学会这种做法的过程中，我们也学会了亲知白。通过类似进程，我们可以亲知到任何其他同一类型的普遍物。这种类型的普遍物，可以被称为"可感性质"。比起任何其他的普遍物，通过更少的抽象努力，它们就能够被领会到，并且它们看起来与特殊物结合得更紧密一些。

接下来，我们考察的是关系问题。最容易被领会到的关系，是单个复合感觉材料的不同部分之间的关系。例如，我一眼就能看见我正在写字的这整页纸；因此，整页纸都被纳入感觉材料之中。但是我感知到这页纸的某些部分是在其他部分左边的，某些部分是在其他部分上边的。在这个例子中，抽象进程看起来是这样进行的：我连续看到一些感觉材料，其中的一部分是在另一部分左边的；与在不同白色块那个情形中一样，我感知到所有这些感觉材料有着共同之处，而且通过抽象，我发现它们所具有的共同之处是它们的不同部分之间所具有的某种关系，我称之为"……是在……左边的"这种关系。通过这种方式，我亲知了这种普遍关系。

以类似的方式，我察觉到了时间的先后关系。假设我听见了一串钟声：当最后的钟声响起的时候，我能够在我的心灵之中保留整串钟声，我也能够感知到先前的钟声比后来的钟声来得早。在记忆中，我也感知到我正在回忆的东西在当前时间之前就已出现了。通过其中任意一个来源，我都能够抽象出先后这个普遍关系，如同我抽象出"……是在……左边的"这个普遍关系。因此，时间关系同空间关系一样，是我们所亲知的东西之一。

我们以极其相似的方式亲知到的另一种关系是相似性。如果我同时看见两个绿色块，我能够看出它们彼此相似；如果我同时还看见一个红色块，我能够看出较红色块而言，两个绿色块彼此更为相似。以这种方式，我亲知了相似性或类似性这种普遍物。

在普遍物之间，如同在特殊物之间一样，存在着我们可以直接察觉到的关系。我们刚才已经了解到，我们能够感知到两个绿色块之间的相似性大于一个红色块与一个绿色块之间的相似性。在这里我们面对的是两个关系之间的一种关系，即"大于"（greater than）。虽然比起对于感觉材料诸属性的感知而言，我们关于这种关系的知识需要更强的抽象能力，但是它看起来同样是直接的，（至少在某些情形下）同样是不可置疑的。因此，恰如存在着关于感觉材料的直接知识，同样存在着关于普遍物的直接知识。

现在回到我们所遗留未解的先验知识问题。当我们开始考察普遍物的时候，我们发现自身有能力解决这个问题，而且比起以往可能的方式，我们的方式是更令人满意的。让我们回到"二加二等于四"这个命题。根据既有的说法，这个命题显然陈述了普遍物"二"与普遍物"四"之间的一种关系。这个结果体现了我们现在致力于建构的一个命题，即一切先验知识都只涉及普遍物之间的关系。这个命题是非常重要的，并且非常有助于解决我们之前关于先验知识遇到的困难。

只有在一种情况下我们的命题才会乍看起来是不为真的。这种情况是指，一个先验命题陈述的是，一个特殊物的类的所有元素属于其他类，或者（同样的意思）所有具有某种性质的特殊物也具有其他的某种性质。在这种情况下，可能看起来我们所讨论的是具有那种性质的特殊物，而不是那个性质。"二加二等于四"这个命题，确实是一个贴切的例子，因为这个命题的陈述方式可以是"任何的二加任何其他的二等于四"，或者"任何由两个成对元素构成的组合是一个四元素组合"。如果我们能够表明这样一些陈述实际上涉及的是普遍物，那么我们的命题也可以被看作已经得到证明的。

要发现一个命题涉及的是什么，一种方式就是问我们自己：为了了解这个命题的意义，哪些语词是我们必须理解的，换言之，何种对象是我们必须亲知的。一旦我们了解该命题的意义，即使我们仍然不知道它是真的还是假的，但显然我们必定对于这个命题实际涉及的一切是有所亲知的。通过运用这个测试，人们可以看出来，许多似乎可能涉及特殊物的命题，实际上只涉及了普遍物。在"二加二等于四"这个具体例子中，即使我们把它的意义解释为"任何由两个成对元素构成的组合是一个四元素组合"，我们依然能够理解这个命题，即我们能够看出它所断言的是什么，一旦我们知道了"组合"、"二"与"四"的意义。我们完全不必须知道世界上的所有成对事物；如果是必需的话，显然我们绝对无法理解这个命题，因为成对事物是无穷多的，所以也不可能是全然为我们所知的。因此，一旦我们知道存在着这样一些成对事物的时候，虽然我们的一般陈述蕴涵关于特殊成对事物的陈述，但是它本身仍然没有断言或蕴涵存在着这些成对事物，因此对于实际的特殊成对事物，它也没有做出任何陈述。这个陈述所涉及的是"成对"这个普遍物，而不涉及这个或那个成对事物。

由此，"二加二等于四"这个陈述只涉及了普遍物，因此任何亲知相关普遍物的人都可以知道这个陈述，并且能够感知到这个陈述所断言的这些普遍物之间的关系。通过反思我们的知识，必须承认我们发现了一个事实，也就是说我们有能力在某些时候感知到这种普遍物之间的关系，进而有能力在某些时候知道诸如算术命题与逻辑命题的一般先验命题。在我们先前考察此类知识的时候，它看起来预测并控制了经验，这一点似乎是神秘的。然而，现在我们能够了解到这就是一个误解。没有关于经验之物的任何事实能够在独立于经验的情况下被认识到。我们先验地知道两个东西和两个其他东西结合起来得到了四个东西，但我们没有先验地知道如果布朗与琼斯是两个人，罗宾森与史密斯是两个人，那么布朗、琼斯、罗宾森与史密斯是四个人。理由在于，这个命题根本上是不能被理解的，除非我们知道存在着布朗、琼斯、罗宾森与史密斯等这样一些人，而且我们只能通过经验知道这一点。因此，虽然我们的一般命题是先验的，但是它之于现实特殊物的全部应用都涉及了经验，因此包含了经验成分。以这种方式，我们看出，我们的先验知识之中那些看似神秘的东西一直基于一种错误。

如果我们比较一下真正的先验判断与诸如"所有人是有死的"的经验概括，它将使我们更清楚地看到这一点。在这里，一旦我们理解了其所涉及的那些普遍物，即人与有死的，我们就能够一如既往地理解这个命题的意义。显然，为了理解我们的命题的意义，我们无需对全体人类都有一种个体亲知。因此，一般先验命题与经验概括之间的区别，不在于这个命题的意义，而在于支持这个命题的证据的性质。在经验场景中，证据包含了特殊实例。我们相信所有人是有死的，因为我们知道存在着人死的无数实例，并且不存在有人活过一定年龄没死的实例。我们相信它，不是因为我们看出了人这个普遍物与有死的这个普遍物之间的联结。如果在预设了支配生命体的一般规律的情况下，生理学能够证明没有生命体能够永生，那么这就给出了人与有死之间的联结，它的确使得我们能够在不诉诸人死的特别证据的情况下断言我们的命题。但那种情况只意味着我们的概括被整合到了一个更大范围的概括之中，它的证据依然是相同种类的，尽管更为广泛。科学的进步持续地产生这种整合，因此也为科学概括提供了一种日渐宽广的归纳基础。不过，虽然这种进步产生了更高的确定性程度，但是它并没有产生一种不同的类型：最终的依据依然是归纳的，也就是来自实例的，而不是来自逻辑和算术中所具有的这种普遍物之间的先验联结。

关于一般先验命题，我们应该注意到两种相反的观点。第一种观点认为，如果许多特殊实例是已知的，那么我们的一般命题是可以从最初的实例通过归纳而得到的，普遍物之间的联结只在后来才会被感知到。例如，我们知道，如果我们从三角形的各个角画出各条对边的高，那么所有三条高交于一点。我们最初得到这个命题，往往是通过在许多情况中实际画出三条高，进而发现它们始终交于一点；这种经验可以促使我们寻找一般性证明并实现它。在每个数学家的经验中，这样的例子比比皆是。

另一种观点更为有趣，在哲学上也是更重要的。那就是，我们有时候可以知道一个一般命题，在我们不知道它的任何一个实例的情况下，考虑下面这样一个例子：我们知道任意两个数可以相乘，得到被称为乘积的第三个数。我们知道乘积小于 100 的所有整数对已经实际相乘过了，也知道这些乘积的数值已经被记录于乘法表。但是，我们也知道整数的数量是无穷的，只有有限数量的整数对是人类考虑过或者将考虑的。随之而来的结果是，存在着从未被人类考虑过并且绝不会被考虑的整数对，它们所涉及的全都是乘积大于 100 的整数。因此，我们得到了这个命题："两个整数的全部乘积，如果从未被任何人考虑过且绝不会被考虑的话，是大于 100 的。"这是一个一般命题，它为真是无可置疑的。然而根据这个例子的性质，我们甚至无法给出一个实例，因为我们可能思考的任何两个数都是不包含在这个命题的项之中的。

人们经常否认我们有可能知道这种无法给出实例的一般命题，因为人们没有认识到，要知道这种命题，只需要知道普遍物之间的那些关系，而不需要知道所考察的普遍物的任何实例。然而对于大量被公认的已知之物而言，关于这种一般命题的知识是至关重要的。例如，我们在之前的章节中已经了解到，与关于感觉材料的知识相反，关于物理对象的知识只能通过推理而获得，并且它们也不是我们亲知的事物。因此我们绝不能知道任何形如"这是一个物理对象"的命题，在这里"这"是直接知道的某个东西。随之而来的结果就是，关于物理对象的所有知识，我们都无法给出任何现实的例子。我们能够给出关联的感觉材料的实例，但是我们无法给出现实物理对象的实例。因此，我们对于物理对象的知识，完全依赖于这种无法给出实例的一般知识的可能性。这一点也同样适用于我们关于他人心灵的知识，或者关于我们没有基于亲知的已知实例的任何其他种类事物的知识。

现在，我们可以对于我们的知识来源进行一番调查，因为它们已经出现在我们的分析过程之中。我们首先区分开事物知识与真理知识。每一种知识中又有着两个类型：直接知识与派生知识。获取直接的事物知识，我们称为亲知。根据所知事物是特殊物或普遍物，它又分为两种类型。关于特殊物，我们亲知的是感觉材料，（可能）还有我们自己。关于普遍物，看起来没有什么原则使得我们能够确定何种普遍物是我们亲知的，但是这其中能够通过亲知而被知道的普遍物，显然包括了可感性质、时空关系、相似性与某些抽象的逻辑普遍物。派生的事物知识，我们称为描述知识，它总是涉及了亲知某个东西，同样也涉及了真理知识。直接的真理知识，我们可以称为直观知识，以这种方式被知道的真理可以称为自明（self-evident）真理。这些真理既包括了那些只陈述在感觉中被给出的东西的真理，也包括了抽象的逻辑与算术原则，以及（尽管确定性较低）一些伦理命题。派生的真理知识，包括了我们能够通过使用自明的演绎原则从自明的真理演绎而来的一切东西。

如果上述理论是正确的，那么我们的所有真理知识都要依赖于我们的直观知识。因此，对于直观知识的本质与范围的考察工作变得重要，它的考察方式也大体上等同于我们先前对于亲知知识的本质与范围的考察。但是，真理知识产生了一个进一步的问题，即错误问题（the problem of error），这个问题是没有出现在事物知识之中的。我们的一些信念被证明是错误的，因此我们有必要考察如何（如果可以的话）区分知识与错误。这个问题没有出现在亲知知识之中，因为无论亲知的对象是什么，即使是在睡梦与幻觉之中亲知的东西，只要我们没有超出这种直接对象，那么都不会涉及错

误：错误只能产生于我们把诸如感觉材料的直接对象当作某
个物理对象的标志的时候。因此，比起事物知识的那些相关
问题，真理知识的那些相关问题是更加困难的。作为与真理
知识相关的第一个问题，让我们先来考察我们的直观判断的
本质与范围。

第十一章 论直观知识

　　人们有一种共同印象，即我们所相信的一切应当都能够被证明，或者至少能够被表明是极有可能的。许多人觉得，一个无法给出理由的信念是一个不合理的信念。这种观点大体上是公正的。我们几乎所有的共同信念都是（或是能够）从其他信念推断出来的，这些其他信念可以被视为给出了这些共同信念的理由。通常情况下，这种理由已经被遗忘了，甚至未曾有意识地呈现在我们的心灵之中。例如，我们很少有人会问自己：有什么理由设想我们即将吃下的食物不会是毒药。然而，当面临这种挑战的时候，就算我们眼下没有现成的理由，我们依然觉得能够找到一种完美的理由。我们的这样一个信念，通常被认为是合理的。

　　但是，让我们想象一下那位坚持不懈的苏格拉底，不管我们给他什么理由，他都继续要求为这个理由提供理由。大概用不了多久，我们迟早会被逼到一个找不到任何进一步理由的境地，而且几乎可以肯定的是，即使在理论上也找不到任何进一步的理由了。从日常生活的共同信念开始，我们会被迫从一个点回退到另一个点，直到我们到达某个一般原则，或者一个一般原则的某个实例，它看起来是清晰明证的（evident），并且它自身是无法从某个更为明证的东西推导出来的。对于日常生活的大多数问题，例如我们的食物是否可能是有营养的而不是有毒的，我们将被迫回退到我们在第六章中讨论过的归纳原则。但除此之外，似乎没有可以进一步回退的了。这个原则本身在我们的推理中不断地得到使用，有时候是有意识的，有时候是无意识的；但是，没有任何一种推理，能够从某个更简单自明的原则出发，使得我们将归纳原则作为其结论。其他的逻辑原则也是同样的情况。它们的真对我们来说是明证的，我们将它们用于建构各种证明；但是，它们本身，或至少它们中的一些，是无法证明的。

　　然而，并非只有那些无法证明的一般原则具有自明性。一旦承认了一定数量的逻辑原则，其余的逻辑原则就可以从它们推导出来；但是，那些推导出来的命题往往与那些未经证明的假设命题一样是自明的。此外，所有算术命题都可以从逻辑的一般原则推导出来，然而如"二加二等于四"这样的简单算术命题与那些逻辑原则一样是自明的。

似乎还有一些自明的道德原则，如"我们应当追求美好的东西"，尽管这一点是更具争议的。

应当注意的是，在一般原则的所有情形中，与熟悉事物相关的特定实例比起一般原则是更为明证的。例如，矛盾律主张：没有东西能够既具有又不具有某种性质。一旦我们理解了矛盾律，那么这条规律就是明证的，但相较于我们看到一朵特殊的玫瑰不可能既是红的又不是红的，矛盾律就是不那么明证的。（当然，可能那朵玫瑰有的部分是红的而有的部分不是红的，或者那朵玫瑰可能具有的是一种粉色，我们无法知道它是否能称为红；但在前一种情形中，玫瑰作为整体显然不是红的，而在后一种情形中，只要我们确定了"红"的准确定义，答案在理论上就是确定的。）通常情况下，只有通过特殊实例，我们才能了解到一般原则。只有那些精于抽象的人，才能够在不借助实例的情况下轻松把握一般原则。

除了一般原则，另一种自明真理是那些直接来自感觉的真理。我们将那样一些真理称为"知觉真理"，并将表达它们的那些判断称为"知觉判断"。不过，要认识到自明真理的准确性质，我们在这里需要细心一些。实际的感觉材料既不为真也不为假。例如，的确存在着一个我所看到的特殊色块，它不是那种为真或为假的东西。确实，那里有这样一个色块，它有某种形状和亮度，它的周围是其他的颜色。但是，这个色块本身与感觉世界中的所有其他事物一样，完全不同于那些为真或为假的事物，因此说它是真的并不恰当。因此，无论从我们的感觉之中所能获得的自明真理是什么，这些自明真理都必定不同于从中获得它们的那些感觉材料。

似乎存在着两种自明的知觉真理，尽管在最终的分析中这两者也许可以合在一起。首先，有一种自明的知觉真理，它仅仅断定了感觉材料的存在，而不以任何方式进行分析。我们看到一个红色块，判断"存在着如此这般的一个红色块"，或者更严格地说"存在着那个东西"，这是一种直观的知觉判断。另一种自明的知觉真理，出现在感觉对象很复杂并且我们对它进行了某种程度的分析的时候。例如，我们看到一个圆形的红色块，我们可能判断"那个红色块是圆的"。这也是一种知觉判断，但是它与我们先前的那种判断是不同的。在现在的这种判断中，我们有着一种单一的感觉材料，它既有颜色又有形状：颜色是红的，形状是圆的。我们的判断将这个感觉材料分析为颜色和形状，然后通过陈述"那个红色块是圆的"来重新组合它们。这种判断的另一个例子是"这个东西在那个东西的右边"，其中"这个东西"和"那个东西"同时被看到。在这种判断中，这个感觉材料包含了一些彼此之间有某种关系的成分，而且这种判断断言这些成分之间具有这种关系。

另一类直观判断是记忆判断，它类似于感觉判断但又是截然不同的。关于记忆的本质，存在着一些容易混淆的危险，因为对于一个对象的记忆往往伴随着对于这个对象的印象（image），但这个印象却不能是记忆的构成部分。这一点很容易理解，我们只需注意到这个印象是在当下的，与此同时我们又知道被记住的东西是在过去的。此外，我们当然能够在某种程度上将我们的印象与被记住的对象进行比较，故而我们时常知道在一种宽松的范围内我们的印象准确到什么程度；但这是不可能的，除非与印象相对的那个对象以某种方式呈现在心灵之前。因此，记忆的本质不是由意象构成的，而在于把在过去认识到的一个对象直接地呈现在心灵之前。但是，要不是有着这种意义上的记忆，我们根本不可能知道曾经有过一段过去，也不可能有能力理解"过去"这个词，就像一个天生失明的人不能理解"光"这个词一样。因此，必然存在着直观的记忆判断，我们关于过去的所有知识，归根结底都依赖于这些判断。

然而，记忆的这种情况造成了一个困难，因为众所周知，记忆是会出错的，因此会让人对于一般直觉判断的可信度产生怀疑。这个困难是不容易解决的。不过，让我们先尽可能地缩小它的范围。宽泛地讲，记忆的可信度与经验的生动程度以及时间的接近程度是成正比的。如果隔壁的房子半分钟前被闪电击中了，那么我对于我的所见所闻的记忆将是如此可靠，以至于怀疑是否有过闪电的想法是荒谬的。这同样适用于不那么生动的经验，只要它们是最近发生的。我绝对肯定半分钟前我正坐在我现在所坐的这把椅子上。回顾过去的一天，我发现有些事情是我完全确定的，有些事情是我几乎确定的，有些事情是我可以通过思考和回忆当时的情况而确定的，还有一些事情是我无法确定的。我完全确定的是，今天早上我吃过早餐，但如果我像一位哲学家那样对我的早餐毫不关心，我就会对此产生怀疑。至于早餐时的谈话，有些回忆起来很容易，有些回忆起来有点费力，有些回忆起来带着不少疑惑，还有些根本回忆不起来。因此，我所记得的东西的自明度有着连续等级，我的记忆的可信度也有相应的连续等级。

因此，就记忆会出错这一点所带来的困难而言，第一种回答是：记忆有着不同的自明度，并且自明度对应于它的可信度，在我们对于新近事件与生动事件的记忆中，自明性与可信性都达到了完美的程度。

然而在有些情况下，人们看起来对于完全错误的记忆抱有非常坚定的信念。在这些情况下，在直接出现于心灵之前这种意义上真正被记住的东西，很可能不是某个被相信的假的东西，而是某个通常与它相关联的其他东西。据说乔治四世最终相信他参加过滑铁卢战役，因为他经常说他参加过滑铁卢战役。① 在该情形中，他所直接记住的是他的重复断言；他所相信的是他正在断言的东西（如果有的话），他的

① 英国国王乔治四世（1762—1830）被指晚年有失智现象。

信念也是通过与被记住的断言相关联而产生的，因此也不会是真正的记忆。错误记忆的情况似乎都可以用这种方式加以解释，也就是说，可以表明它们根本不是严格意义上的记忆。

记忆的情形清楚地表明了关于自明性的一个重要观点，那就是，自明性是有程度的：它不是一种纯粹出现或不出现的性质，而是一种可以或多或少地出现的性质。这种性质的程度从绝对的确定递减到几乎难以察觉的微弱。知觉真理和一些逻辑原则具有最高程度的自明性；直接记忆的真理具有几乎同样高的自明性程度。比起诸如"从真前提得出的结论必定为真"的其他一些逻辑原则，归纳原则具有更低的自明性。随着记忆变得越来越遥远和越来越微弱，它的自明性也在逐渐变低；当逻辑和数学的真理变得更复杂的时候，它们的自明性（从广义上讲）也变得越低。内在伦理或审美价值的判断往往具有某种自明性，但它们的自明性是不高的。

在知识论中，自明度是很重要的，因为如果命题可以（看起来有可能）在不为真的情况下具有某种自明度，那么我们就不必舍弃自明性与真理之间的所有联系，我们只需要说明一旦出现冲突的时候，更加自明的命题应予以保留，而较不自明的命题应予以摒弃。

然而，正如前文所解释的那样，"自明性"之中似乎很可能结合着两种不同的概念；其中的一种对应于最高自明度，它确实保证了真理的无误；另一种则对应于所有其他的自明度，它不保证真理的无误，而只是给出了一种程度上的假设。但这只是一个提示，我们现在还不能进一步地阐发它。在考察了真理的性质之后，我们将结合知识与错误这个区分回到自明性这一主题上来。

第十二章　真与假

　　不同于我们的事物知识，我们的真理知识有着一个反面，即错误（error）。仅就事物而言，我们可以知道它们或者不知道它们，然而却没有一种明确的心灵状态可以被视为是错误的事物知识——至少当我们把自己限定在亲知知识的时候是这样的。不管我们所亲知到的是什么，它必定是某个东西；我们可以从我们的亲知中得出错误的推论，但亲知本身不会是欺骗性的。因此就亲知而言，不存在二元对立；但就真理知识而言，则存在二元对立。我们既可以相信假的东西，也可以相信真的东西。我们知道，在许许多多的话题上，不同的人有着不同的且不兼容的意见，因此有些信念一定是错误的。由于错误信念与真信念一样经常被人们坚定地持有，这就成了一个难题——如何把它们同真信念区别开来。在一个具体情形中，我们如何知道我们的信念不是错误的呢？这是一个最困难的问题，对于这个问题，不可能找到一个完全令人满意的答案。然而，存在着一个不那么困难的初步问题，那就是：真与假对于我们意味着什么？本章要考虑的正是这个初步问题。

　　在本章中，我们不讨论我们如何能够知道一个信念是真的还是假的：我们所讨论的是，一个信念是真的还是假的这个问题意味着什么。人们希望，关于这个问题的一种清晰解答，可以有助于我们回答什么信念是真的这个问题，但就目前而言，我们所讨论的只是"真是什么？"与"假是什么？"，而不是"什么信念是真的？"与"什么信念是假的？"。把这些不同的问题完全区分开来是非常重要的，因为它们之间的任何混淆，肯定会产生一种实际上不适用于其中任何一个问题的答案。

　　在发现真理性质的过程中，有三点需要加以注意，它们是任何理论都一定要满足的三个要求。

　　（1）我们的真之理论必须是这样一种理论，它承认了真之对立面——假。许多哲学家完全没有满足这个条件：他们构造了一些理论，根据这些理论，我们的所有思想都应当是真的，很难给假找到一个位置。在这个方面，我们的信念理论必须不同于我们的亲知理论，因为在亲知情形中没有必要考虑某种相反之物。

（2）看起来相当明显的是，如果不存在信念，那么在真与假相关联的这个意义上就既不会存在假，也不会存在真。如果我们想象一个纯粹的物质世界，那么在这样一个世界之中假是无立足之地的，而且就真与假是相同种类的东西这个意义上而言，虽然它会包含那些可以被称为"事实"的东西，但是它不会包含任何的真。事实上，真与假是信念与陈述的性质：因此一个纯粹的物质世界，因为不包含信念或陈述，也就不包含真或假。

（3）但是，与我们刚才所说的相反，我们要注意信念的真或假始终依赖于信念自身之外的某种东西。如果我相信查理一世死在断头台上，那么我的信念之所以是真的，不是因为我的信念的某种内在性质，这种性质仅仅通过审视这个信念就能够被发现，而是因为一个发生于两个半世纪以前的历史事件。如果我相信查理一世死在他的床上，那么我的信念是假的；我的信念的生动程度，或者获得信念的细心程度，都无法阻止该信念为假，这同样是因为很久以前发生的事情，而不是因为我的信念的某种内在性质。因此，虽然真与假是信念的性质，但是这些性质依赖于信念与其他东西的关系，而不依赖于信念的某种内在性质。

上述第三个要求使得我们接受这种观点——一种在哲学家之中完全就是常识的观点——真在于信念与事实之间的某种形式的符合。然而，发现一种无可辩驳的符合形式，绝不是一件容易的事情。部分地由于这一点，也部分地由于人们觉得，如果真在于思想与外在于思想的某个东西的符合，那么思想永远无法知道真是何时获得的，因此许多哲学家一直在努力寻找某种真之定义，即真不在于与完全外在于信念的某种东西的关系之中。对于这种类型的真之定义，最重要的尝试就是真在于融贯（coherence）这个理论。根据这种理论的说法，假之本质就在于无法融贯于我们的信念体系，真之本质就在于构成了绝对真理（The Truth）这个完满系统的一部分。

然而，这种观点有一个巨大的困难，或者确切地说是两个巨大的困难。第一个困难在于，没有理由假设只可能存在一个融贯的信念体系。或许借助充分的想象，一个小说家可以构想出这个世界的一段过往，它可以完美地匹配我们已知的东西，却依然与实际的过往大相径庭。在更多的科学主题上，确实经常存在着两个或更多的假说，它们解释了某个主题的所有已知事实，而且虽然在这些情形中，科学工作者们都在致力于发现一些事实，用以保留一个假说并排除其他所有假说，但是没有理由表明他们总是会成功的。

还有，在哲学中，两个对立的假说能解释所有事实，这种情况看起来并不罕见。因此，（打个比方）可能人生是一场长梦，也可能这个外部世界只有梦中对象所具有的实在性程度；但是，尽管这样的观点看起来没有与已知事实产生不一致，但是较之于主张其他的人与物实际存在的那种常识观点，也没有理由去偏爱这种观点。因此，融贯无法成为真之定义，因为无法证明只能够存在唯一一个融贯的系统。

对于这种真之定义的另一种反对意见认为，它假设了"融贯"的意义是已知的，然而事实上"融贯"预设了逻辑规律的真。当两者都为真的时候，两个命题是融贯的；当至少一个命题必定为假的时候，两个命题是不融贯的。现在，为了知道两个命题是否能够同时为真，我们一定要知道诸如矛盾律这样的真理。例如，根据矛盾律，"一棵树是山毛榉"与"一棵树不是山毛榉"这两个命题不是融贯的。但是，如果矛盾律自身也要接受融贯性检验，那么我们将发现，如果我们选择假设矛盾律为假，那么从此无物与他物是不融贯的。因此，逻辑规律为融贯性检验的应用提供了一个轮廓或框架，而逻辑规律自身不能是依靠这种检验而成立的。

基于上述的两个理由，人们不能认可融贯提供了真之意义，虽然在获知了大量真理之后，融贯往往是一种最为重要的检验真理的方式。

因此，我们被迫回到构成真之本质的符合事实（correspondence with fact）上来。我们仍需精确定义我们所谓的"事实"是什么意思，以及符合的本质是什么。为了使得信念可以为真，这种符合必定潜存于信念与事实之间。

根据我们的三个要求，我们必须寻找一种真之理论：（1）允许真拥有一个对立面，即假；（2）使得真成为信念的一种性质；（3）使得真成为完全依赖于信念与外在事物之间关系的一种性质。

　　假是必须被容许的，这使得人们不可能把信念当作心灵与一个单独对象之间的关系，这种单独对象将被视为所相信的东西。如果信念被如此看待，那么我们将会发现，信念与亲知一样不会承认真与假的对立，而是必定始终为真。这一点可以通过例子得到澄清。奥赛罗的信念——苔丝德蒙娜爱卡西欧①，是假的。我们不能说这个信念就在于奥赛罗与一个单独对象——"苔丝德蒙娜对于卡西欧"的爱（Desdemona's love for Cassio）——的关系，因为如果存在这样一个对象，这个信念就会是真的。事实上不存在这样的对象，因此奥赛罗不能与这样一个对象具有某种关系。因此，他的信念不可能在于奥赛罗与这个对象的关系。

　　人们可能会认为，奥赛罗的信念是他与一个不同对象——"苔丝德蒙娜爱卡西欧"（Desdemona loves Cassio）——的关系；但是在苔丝德蒙娜不爱卡西欧的情况下假设存在这样一个对象，几乎与假设存在"苔丝德蒙娜对于卡西欧的爱"是一样困难的。因此更好的方式是找到一种信念理论，它不再使得信念成为一个心灵与一个单独对象的关系。

　　人们通常认为关系总是存在于两个项之间的，但事实上情况并非总是如此。一些关系需要三个项，一些关系需要四

---

　　①　译者注：在莎士比亚的戏剧《奥赛罗》中，奥赛罗误会了苔丝德蒙娜，怀疑她爱上了他的部将卡西欧，并逐渐导致了一出悲剧。

个项，依此类推。以"之间"（between）这种关系为例。一旦只出现两个项，"之间"这种关系是不可能的；使之可能的最少数量是三个。约克①位于伦敦与爱丁堡之间，但如果伦敦与爱丁堡是世上仅有的两个地方，那就不会有什么地方位于一个地方与另一个地方之间。类似地，妒忌需要三个人：不可能存在不涉及至少三个人的这样一种关系。诸如"A希望B去促成C与D结婚"这样的一个命题涉及了一种四项关系；也就是说，A、B、C与D全都参与其中，而且所涉及的那种关系是无法表述的，除非它的形式涉及了全部的四个项。例子可以是无限增加的，但我们所说的已足以表明存在着一些关系，它们需要两个项以上，否则无法成立。

如果假是被恰当地接纳的，那么在判断与相信之中所涉及的那种关系，一定是一种多项关系，不是一种二项关系。当奥赛罗相信苔丝德蒙娜爱卡西欧的时候，他在心中所想的一定不是一个单独对象——"苔丝德蒙娜对于卡西欧的爱"或"苔丝德蒙娜爱卡西欧"，因为那会要求存在客观的假，它的潜存独立于任何心灵；虽然在逻辑上无可反驳，但是这种理论是要尽可能避免的。因此，如果我们把判断当作一种关系，其中心灵与涉及的不同对象都分别出现于其中，那么解释假就比较容易了；也就是说，苔丝德蒙娜、爱与卡西欧，必定都是这种关系的项，这种关系潜存于奥赛罗相信苔

---

① 译者注："约克"、"伦敦"与"爱丁堡"指的都是英格兰的城市。

丝德蒙娜爱卡西欧的时候。因此,这种关系是一个四项关系,因为奥赛罗也是这个关系的一个项。当我们说它是一个四项关系的时候,我们的意思不是:奥赛罗与苔丝德蒙娜有着某种关系,与爱有着同样的关系,与卡西欧也是如此。这种说法可能适用于一些不同于相信的其他关系;但显然在相信关系中,与奥赛罗有关系的不是所涉及的三个项中的每一个,而是它们结合起来的整体。关于所涉及的相信关系只有一个例子,但这一个例子整合了四个项。因此,在奥赛罗产生他的信念的时候,实际发生的是,被称为"相信"的那种关系正在把奥赛罗、苔丝德蒙娜、爱与卡西欧这四个项整合成一个复合整体。被称为信念或判断的东西,只不过是这种相信或判断关系,这种关系关联着心灵与心灵之外的一些东西。一个信念行为或判断行为就是在某个特定时刻,在一些项之间所发生的这种相信或判断关系。

我们现在有能力来理解区别一个真判断与一个假判断的东西是什么。为此我们将采纳一些定义。在每一个判断行为中,存在着一个下判断的心灵,还存在着它下判断所涉及的项。我们称这个心灵为判断的主体,其余的项为对象。因此,当奥赛罗判断苔丝德蒙娜爱卡西欧的时候,奥赛罗是主体,同时苔丝德蒙娜、爱与卡西欧是对象。主体与对象,一起被称为判断的成分。人们将观察到,判断关系具有一种被称为"含义"或"方向"的东西。我们可以打比方说,它把它的对象排成一定的次序,我们可以通过句子中的语词次序来表示这种次序。（在屈折语中，相同的东西通过屈折加以表明，例如主格与宾格的差异。）虽然事实上包含着相同的成分，但是奥赛罗关于卡西欧爱苔丝德蒙娜的判断不同于他关于苔丝德蒙娜爱卡西欧的判断，因为在这两种情形中，判断关系把这些成分排列成不同的次序。类似地，如果卡西欧判断苔丝德蒙娜爱奥赛罗，判断的成分依然是相同的，但它们的次序则是不同的。具有"含义"或"方向"这种性质，是判断关系与所有其他关系所共有的。关系的"含义"，是次序、序列与许多数学概念的最终来源；但我们本身无需深入探讨这个方面。

我们说过，这种被称为"判断"或"相信"的关系，把主体与对象整合为一个复合整体。在这个方面，判断与其他的一切关系都是一样的。一旦一种关系在两个或多个项之间成立，那么它就把这些项统一为一个复合整体。如果奥赛罗爱苔丝德蒙娜，那么便存在"奥赛罗对于苔丝德蒙娜的爱"这样一个复合整体。被该关系统一的那些项本身可以是复合的，也可以是简单的，但是它们的统一化所产生的整体一定是复合的。在任何情况下，如果存在着关联若干项的一种关系，那么便存在着由这些项的统一所形成的一个复合对象；相反地，一旦存在着一个复合对象，那么便存在着关联它的成分的一种关系。当一种相信行为出现的时候，存在着一个复合体，在这个复合体中"相信"就是那种起到统一作用的关系，而且根据相信关系的"含义"，主体与对象被以某种次序排列。在这些对象中，如同我们在考察"奥赛罗相信苔丝德蒙娜爱卡西欧"时所了解到的那样，一个对象一定是一种关系，在这个例子中，它就是"爱"这种关系。但是当这种关系出现在相信行为之中的时候，它不是生成那个包含着主体与对象的复合整体的统一性的那种关系。"爱"这种关系，当它出现在相信行为之中的时候，是那些对象之一——它是建筑物的砖石，而非水泥。"相信"这种关系，才是水泥。当这个信念为真的时候，存在着另一种复合统一体，在其中作为信念对象之一的那种关系关联着其他对象。因此，例如，如果奥赛罗真的（truly）相信苔丝德蒙娜爱卡西欧，那么存在着一个复合统一体——"苔丝德蒙娜对于卡西欧的爱"，它是完全由该信念的那些对象组成的，对象的次序也与它们在信念之中的次序相同。曾是对象之一的那种关系现在作为水泥，把该信念的其他对象黏合在一起。另一方面，当一个信念为假的时候，那么不存在完全由该信念的那些对象所组成的这样一个复合统一体。如果奥赛罗假的（falsely）相信苔丝德蒙娜爱卡西欧，那就不存在着"苔丝德蒙娜对于卡西欧的爱"这样一个复合统一体。

因此，当一个信念符合某个联结的复合体的时候，它是真的；当它不符合的时候，就是假的。为了明确起见，假设这个信念的对象是两个项和一种关系，依据"相信"的含义这些项被有序排列，那么如果有序的两个项被那个关系统一为一个复合体，那么该信念是真的；如果没有，则是假的。

这构成了我们所追寻的真与假的定义。判断或相信是某种复合统一体,心灵是这种统一体的一个成分;如果剩余的成分以它们在信念之中的次序出现,并构成一个复合统一体,那么这个信念是真的;如果没有,则是假的。

因此,虽然真与假是信念的性质,在某种含义上它们仍然是外在性质,因为信念的真之条件不涉及信念,或者(一般而言)根本不涉及任何心灵,而只与这个信念的对象相关。一个相信着的心灵真的相信,存在一个与之相符合的复合体,这个复合体不涉及心灵,而只涉及它的对象。这种符合确保真,而无符合则蕴涵假。因此我们同时解释了两个事实:(1)信念的存在依赖于心灵;(2)信念的真不依赖于心灵。

我们可以将我们的理论重新表述如下:如果我们接受"奥赛罗相信苔丝德蒙娜爱卡西欧"这样一个信念,则将苔丝德蒙娜与卡西欧称为对象-项,将爱称为对象-关系。如果存在着一个复合统一体"苔丝德蒙娜对于卡西欧的爱",它包含着该对象-关系所关联的那些对象-项,这些项具有与在信念之中相同的次序,那么这个复合统一体被称为这个信念所符合的事实。因此,如果存在一个相符合的事实,那么该信念是真的;如果不存在一个相符合的事实,那么该信念是假的。

可以看出,心灵不产生真或假。心灵产生信念,一旦信念产生,心灵不能使得它们为真或为假,除了一些特殊情形。在这些情形中,信念是关乎未来事物的,这些未来事物也是在相信者能力范围之内的，例如赶火车。使得一个信念为真的东西是一个事实，而这个事实与（特殊情形除外）信念持有者的心灵是完全不相关的。

　　既然现在我们已经确定了真与假对于我们意味着什么的，接下来我们要考察的，就是有什么方法可以知道这个或那个信念是真的还是假的。下一章所考察的便是这个问题。

第十三章 知识、错误与可能意见

我们在上一章中所考察的真与假的意义问题，相比于我们如何能够知道什么是真的与什么是假的这个问题，是不那么有趣的。我们将在本章中考察这个问题。毫无疑问，我们的一些信念是错误的；因此，我们要探讨的是，我们究竟能够在何种程度上确定一个如此这般的信念不是错误的。换言之，我们真的能够知道某些东西吗？还是我们只是有时出于好运气相信了真的东西呢？然而，在我们能够解决这个问题之前，我们必须首先确定的是，"知道"对于我们来说意味着什么，而这个问题并不像所料想的那样容易解决。

在一开始的时候我们也许会设想，知识可以定义为"真信念"。如果我们所相信的东西是真的，也许可以认为我们对于我们所相信的东西已经具有了知识。但这种想法不符合这个词的通常用法。举一个非常小的例子：如果一个人相信那位已故首相的姓氏是以 B 开头的，那么他所相信的东西是真的，因为那位已故首相是亨利·坎贝尔-班纳曼爵士①。相信贝尔福②是已故首相的那个人可能从已故首相的姓氏以 B 开头的真前提进行了有效推理，但他不能被视为通过这些演绎而知道了结论。假如一份报纸通过合理预测，在收到战役结果的电报之前就宣布了一场战役的结果。它可以出于好运气宣布了后来证明为正确的结果，并在一些缺乏经验的读者中产生了信念。虽然他们的信念是真的，但是他们无法被视为拥有知识。因此，显而易见的是，如果一个真信念是从一个假信念演绎出来的，那么它不是知识。

同样地，一个真信念不能被称为知识，如果它是通过一个错误的推理过程演绎出来的，即使它的演绎前提是真的。如果我知道所有希腊人是人并且苏格拉底是人，我随之推出苏格拉底是希腊人，但我也不能说知道苏格拉底是希腊人，因为虽然我的前提与结论都是真的，但这个结论不是从这些前提推导出来的。

---

①　译者注：班纳曼（Henry Campbell-Bannerman，1836—1908），在 1905—1908 年担任英国首相。

②　译者注：贝尔福（Arthur James Balfour，1848—1930），在 1902—1905 年担任英国首相。

　　但是我们能否认为，除了从真前提通过有效演绎得到的东西，就没有东西是知识了吗？显然我们不能这么认为。这样一个定义既是过于宽泛的，也是过于狭隘的。首先，它是过于宽泛的，因为只有我们的前提是真的这一点是不够的，它们还必须是已知的。相信贝尔福是那位已故首相的那个人可能从这个真前提（那位已故首相的姓氏是以 B 开头的）进行了有效演绎，但不能被视为知道了通过这些演绎而得到的结论。因此我们不得不修改我们的定义，认为知识就是从已知前提中通过有效演绎得到的东西。然而，这是一个循环定义：它预设了我们已经知道"已知前提"意味着什么。因此它至多能够用以定义一种类型的知识。我们称这种类型的知识为派生知识，它是相对于直观知识而言的。我们可以说："派生知识是从直观上已知的前提中通过有效演绎得到的东西。"这个陈述在形式上是没有缺陷的，但它依然有直观知识的定义这个有待研究的问题。

　　眼下我们暂时搁置直观知识问题，我们要探讨的是上述的派生知识定义。针对它的主要反对意见是它过度地限制了知识。常见的情况是，人们满足于出于自身的直观知识而得到的真信念。真信念是直观知识经过有效推导而来的。但事实上直观知识不是通过某个逻辑进程从直观知识中推导而来的，比如通过阅读而产生的信念。如果报纸宣布了国王的死讯，那么我们相信国王是已故的就是合理的，因为这类消息是不允许出错的。而且我们有充足的理由相信报纸对于国王已故的断言。但在这里，我们的信念所依赖的直观知识，是对于现有感觉材料的知识。这些感觉材料来自看登载消息的版面。这些知识几乎不进入意识层面，除非那人没有良好的阅读能力。一个孩童可以意识到这些字母的形状，然后逐字逐句地艰难理解它们的意义。但任何惯于阅读的人都会立即略过这些字母的意义，除非反思，否则不会意识到他从观看这些印刷字母的感觉材料中推导出了这个知识。因此，虽然从这些字母到它们的意义的有效推理是可能的，而且读者能够进行这一推理，但是事实上他没有这么做，因为事实上他没有进行任何可称为逻辑推理的操作。因此说这个读者不知道该报纸宣布了国王的死讯是荒唐的。

　　因此，不论直观知识的结果如何，哪怕只是联想的结果，只要有一个有效的逻辑联系且当事人又能凭反省觉察到这种联系时，我们就应承认它是派生知识。事实上，除了逻辑推理，还存在着许多种方法让我们从一个信念过渡到另一个信念，从印刷物到它的意义就表明了这些方式。这些方式可以称作"心理推理"。那么，我们应该承认，这种心理推理是一种获得派生知识的方式，假如存在着一种平行于心理推理的可发现的逻辑推理。这使得我们对于派生知识的定义不如我们期望的那么精确，因为"可发现的"这个词是模糊的：它没有告诉我们，为了得到这种发现，我们需要进行多少反思。但事实上"知识"不是一个精确概念：它涉及了

"或然性意见"，我们在本章中将更充分地理解。因此，我们追寻的不会是一个非常精确的定义，因为任何此类定义一定或多或少是误导性的。

然而，知识所面临的主要困难不来自派生知识，而来自直观知识。一旦考虑派生知识，我们就要回到直观知识。但是对于直观信念，我们无法轻易发现任何用以区分真信念与假信念的标准。在这个问题上，几乎不可能得到非常精确的结论：我们所有关于真理的知识都会受到某种程度的质疑，并且一个无视这个事实的理论显然是错误的。然而，可以做一些事情来降低这个问题的难度。

在确保无错误的意义上，我们的真理理论在开始的时候提供了一种可能方式来区分某些自明的真理。当一个信念是真的，我们说存在着一个对应事实，在其中该信念的若干对象形成了一个单独的复合物。这个信念被视为构成了关于这个事实的知识，如果它满足了我们在本章中考虑的那些进一步的有些模糊的条件。但是对于任何事实，除了那种由信念所构成的知识，我们还可以拥有那种由感知所构成的知识（"感知"一词是在它最广泛的可能含义上使用的）。例如，如果你知道日落的时间，那么在那个时刻你能够知道太阳正在落下这个事实：这是基于关于真理的知识得到的关于那个事实的知识；但是如果天气晴朗的话，你也能够望向西边并实际上看到落下去的太阳；因而你通过关于事物的知识得到了相同事实。

因此，对于任何复合事实，理论上存在着两种认识它的方法：（1）通过判断，它的若干成分被判断为相互联系的，恰如它们在事实上的相互联系方式；（2）通过对于这个复合事实自身的亲知，亲知（在很大程度上）可以被称为感知，尽管它不能被限定在感觉对象之上。现在，人们将观察到，当这种事实实际存在的时候，第二种认识复合事实的方式即亲知方式，是唯一可行的。与此同时第一种方式可能产生错误，如同所有的判断一样。第二种方式给出了这个复合整体，并且因此只可能成立于它的部分确实具有那种关系的情况，那种关系使得它们结合在一起形成了这样一个复合体。相反，第一种方式逐步给予我们的是那些部分与那种关系，并且只依赖于部分与关系的实在性：这个关系可能没有以那种方式关联着那些部分，但仍会产生那个判断。

回忆一下，在第十一章的末尾处我们表明：可能存在着两种自明性，一种自明性给出了一种对于真理的绝对保证，另一种只给出了部分保证。这两种自明性现在能够被区分开来。

我们可以说一条真理是自明的，在第一种自明性而且是在最为绝对的意义上，当我们亲知那个对应于该真理的事实的时候。当奥赛罗相信苔丝德蒙娜爱卡西欧的时候，如果他的信念是真的，那么该对应事实便是"苔丝德蒙娜爱卡西欧"。这会是一个除了苔丝德蒙娜无人亲知的事实；因此在我们所考虑的那种自明性的意义上，苔丝德蒙娜爱卡西欧这条真理只对于苔丝德蒙娜是自明的。一方面，所有的心灵事实，与所有涉及感觉材料的事实，都有这种相同的私人性：在我们的现有含义上，这些事实只对于一个人是自明的，因为只有一个人能够亲知这些心灵之物或所涉及的这些感觉材料。因此没有关于某个特殊存在物的事实能够对于多个人是自明的。另一方面，关于普遍物的事实不具有这种私人性。许多心灵都可以亲知相同的普遍物；因此许多不同的人可以通过亲知认识到普遍物的关系。在任何情形下，如果我们通过亲知认识到复合事实——它是由处于某种关系的一些项所构成的，我们便认为：这些项是如此关联的真理，具有优先或绝对的自明性，并且在这些情形下，这些项是如此关联的这个判断一定是真的。因此，这种自明性是真理的一种绝对保证。

但是，这种自明性虽然是真理的一种绝对保证，它却无法使我们能够绝对确定：在关于某个具体判断的情形之中，所讨论的这个判断是真的。假设我们一开始感知到太阳在照耀，这是一个复合事实，因而随之做出一个判断"太阳在照耀"。在从感知到判断的过程中，有必要分析一下这个具体的符合事实：我们必须把作为事实构成物的"太阳"和"照耀"分离开来。在这个过程中，我们有可能犯错；因此，即使一个事实具有那种优先或绝对的自明性，被相信对应于该事实的判断也不是绝对不可错的，因为它可以实际上不对应于该事实。但如果它确实是对应的（在上一章所解释的那种含义上），那么它一定是真的。

第二种自明性属于在第一种情况之中的判断，并且不来
自对于作为一个复合整体的事实的直接感知。第二种自明性
是有程度的，从非常高的程度降至仅仅倾向于信念。例如，
一匹马在一条坚硬的道路上碎步小跑远离了我们。一开始的
时候，我们完全确定我们听到了马蹄声。逐渐地，如果我们
有意倾听下去，将会出现一个时刻——我们认为马蹄声可能
是想象，或楼上百叶窗的声音，抑或我们自己的心跳声；最
后，我们变得怀疑是否根本就没有任何声音，随之认为我们
再也听不见任何声音，而且最后我们知道我们再也没有听到
任何声音。在这个过程中，存在着一个自明性逐渐消失的过
程，从最高的程度到最低的程度，这个过程针对的不是感觉
材料自身，而是基于感觉材料的那些判断。

或者，再假设我们正在比较两种色度的颜色，一种是蓝
色，一种是绿色。我们能够很确定它们是不同色度的颜色；
但如果绿色逐渐变得越来越接近于蓝色，一开始是变成蓝
绿，随之是绿蓝，接着是蓝色，那么这个过程中会出现一个
时刻——我们变得怀疑我们是否能够看出任何差异，而且随
后会出现一个时刻——我们知道我们不能看出任何差异。相
同的事情出现在乐器调音之中，或者在任何其他存在着连续
渐变的场景之中。因此，这种自明性是一种程度的事情；而
且看起来直白的是，较高程度的自明性比起较低程度的自明
性是更为人们所信任的。

在派生知识中，我们最根本的前提必须具有一定程度的

自明性，它们与从之演绎而来的结论之间的联结也必须如此。举一个几何推理的例子。我们由之开始的公理应该是自明的，仅有这一点是不够的；在这个推理的每一个步骤之中前提与结论的联结也必须是自明的。在有一定难度的推理中，这种联结经常只具有很低程度的自明性；因此当难度变得很大的时候，推理错误不是不可能发生的。

如上所述，可以确定的是，对于直观知识与派生知识两者而言，如果我们假设直观知识是可信的，这种可信性与它的自明性成正比，那么将存在着一种可信性的渐变过程：从引人注意的感觉材料的存在到逻辑与算术的较简单的真理——这些都可以被看作相当确定的，降至看上去仅比其反面的可能性稍高一点的判断。我们所坚定相信的东西，如果它是真的，则被称为知识，无论它是直观的，还是从它逻辑上依赖的直观知识（逻辑或心理地）推导出来的。我们所坚定相信的东西，如果它是假的，则被称为错误。我们所坚定相信的东西，如果它既不是知识也不是错误，以及我们所半信半疑的东西——因为它是某种不具有最高程度的自明性的东西或者来自这种东西，都可以被称为可能意见。因此，通常被当作知识的大部分东西，多少都只是可能意见。

对于可能意见，我们能从融贯性中得到许多帮助，我们不接受融贯性为真之定义，但经常可以将其用作一个标准。一组个别可能意见，如果它们之间彼此融贯，那么比起它们之间的任何一个个别意见，则是更为可能的。以这种方式，许多的科学假说才获得了它们的可能性。它们合成一个可能意见的融贯系统，并且因此比起孤立状态变得更为可能。相同的事情也出现在一般的哲学假说之上。在一个单独场景中，这些假说经常可以被视为高度可疑的，然而当我们考虑到这些假说为一大堆可能意见引入了次序与融贯性的时候，它们就变得非常接近于确定。这尤其适用于诸如睡梦与清醒生活的区分这样的主题。如果我们每个夜晚的睡梦都能像我们白天一样是彼此融贯的，那么我们应该很难知道要相信睡梦，还是相信清醒生活。如其所是，这种融贯性测试排除了睡梦，确认了清醒生活。但是，尽管这种测试的成功会增加可能性，但是这种测试根本上无法给出绝对的确定性，除非这个融贯系统内的某个点已经具有了确定性。因此，仅仅把可能意见变成一种组织体系，这种组织自身也无法把可能意见变成无可怀疑的知识。

第十四章　哲学知识的限度

迄今为止，在我们谈论过的所有关于哲学的东西之中，我们基本没有触及在大多数哲学家作品中占据很大篇幅的多数议题。大多数或至少非常多的哲学家声称有能力通过先验的形而上推理，证明诸如宗教的形而上教义、宇宙的本质理性、物质的虚幻、所有恶的非现实性等东西。毫无疑问，找寻相信这样一些命题的理由的希望，曾经是许多毕生研究哲学的学者的主要动力。我认为，这种希望是徒劳的。看起来，关于宇宙整体的知识是不能通过形而上学获得的。那些预想的证明——依据逻辑法则，如此这般的事物一定存在，而如此那般的其他事物不会存在——是无法通过严格检验的。在本章中，我们将简要考察一下这种推理的推进方式，来看一看发现我们能否希望它是有效的。

我们所要考察的这种观点在现代的伟大代表是黑格尔。黑格尔的哲学是非常难的，对于它的真正解释，研究者们也是众说纷纭。根据我要采纳的这种解释——它被许多（即使不是大多数）研究者所持有并且其优点就在于给出了一种有趣且重要的哲学，黑格尔的主要观点是，大全（the Whole）之外的所有东西显然都是片断的，并且显然不能在缺少世界其他事物的补充支持的情况下存在。恰如比较解剖学家从一根单独的骨头看出它的整体一定是什么类型的动物，根据黑格尔的观点，形而上学家从一块实在的碎片之中能看出实在整体一定是什么东西——至少看出它的大体轮廓。每一块表面独立的实在碎片就像有着钩子，把它和下一块碎片勾连在一起；相应地，下一块碎片也有着新钩子，依此类推，直到整个宇宙得以重构。在黑格尔看来，这种本质上的不完整性，在思想世界与事物世界中有着相同的表现。在思想世界，如果我们面对的是任何抽象的或不完整的观念，我们通过检查将发现，如果没有注意到它的不完整性，我们就会陷入矛盾；这些矛盾把所考察的观念转变为其相反的观念或者反题（anti-thesis）。为了避免这种情况，我们必须找到一个较为完整的新观念，它是我们的初始观念及其反题的综合。虽然与我们起初的观念相比是较为完整的，但是这个新观念在整体上依然不是完整的，它仍将转变为它的反题，它与它的反题一道，必须合成一个新的综合。以这种方式，黑格尔一直推进到"绝对观念"（Absolute Idea），在他看来，它不是不完整的，没有反题，也不需要进一步的发展。因此，绝对观念足以描述绝对实在（Absolute Reality）。但是，所有的低级观念只能以实在所显现的部分视角去描述实在，而不是以同时审视大全的视角去描述实在。因此黑格尔得到的结论是，绝对实在构成了一个单一的和谐系统，不在时空之中，也没有任何程度的恶，它是完全理性的与完全精神的。在我们所知的世界中，任何矛盾的表象都能够在逻辑上被证明为完全是因为我们观察这个宇宙的视角是破碎与分离的，黑格尔就是这么想的。如果我们把宇宙视为一个整体，如同我们可以设想的上帝看待宇宙的方式，空间、时间、物质、恶以及所有的努力与奋斗都将消失不见，与此同时取而代之的是，我们将发现一个永恒的、完美的、不变的精神统一体。

根据这种思想，不可否认有着某种崇高的东西，某种我们希望加以赞美的东西。然而，当那些支持它的论证被加以仔细考察的时候，它们看起来有着诸多混乱和许多无法保证的假设。系统得以成立的基础是这个基本信条：不完整之物一定不是自我-潜存的（self-subsistent），它在得以存在之前一定需要得到其他事物的支持。黑格尔认为，与外在之物有关系的任何事物，它的自身本性之中必定包含着某种依赖那些外在之物的东西，因此如果那些外在之物是不存在的，那么它也不能是其所是。例如，一个人的本性，是由他的记忆与他的其他知识、爱与恨等东西构成的。因此如果没有那些他所知的、所爱的或所恨的东西，他不可能是其所是。他本质上显然只是一个片段：如果把他当作实在的总和，他就会陷入自我矛盾。

然而，这种整体视角的基础在于事物"本性"（nature）这个概念，它看起来意味着"关于该事物的所有真理"。当然，如果另一个事物不潜存的话，那么联结一个事物与另一个事物的真理也不能潜存。虽然根据上述说法，关于一个事物的真理必须是事物"本性"的成分，但是它不是事物自身的成分。如果对我们而言，事物的"本性"意味着关于该事物的所有真理，那么显然我们不能知道一个事物的"本性"，除非我们知道宇宙之中这个事物与所有其他事物之间的关系。但如果"本性"这个语词是在这种意义上使用的，那么我们将不得不承认这个事物可以被知道，同时它的"本性"未被知道，或者至少未被完全知道。如果采用了"本性"这个语词的这种用法，那么事物知识与真理知识之间便存在着一种混淆。我们可以通过亲知获得关于一个事物的知识，即使我们极少知道关于它的命题——理论上我们无需知道任何关于它的命题。因此，亲知一个事物不涉及它在上述意义上的"本性"的知识。虽然我们知道关于一个事物的某个命题要涉及亲知一个事物，但不涉及关于它的"本性"的知识。因此，亲知一个事物在逻辑上不涉及关于它的关系的知识，关于它的某个关系的知识不涉及关于它的所有关系的知识，也不涉及它在上述意义上的"本性"的知识。例如，我可以亲知我的牙疼，而且这个知识与其他亲知知识一样完整，而不需要知道牙医（他并不亲知牙疼）能告诉我的关于牙疼原因的所有事情，因此也不需要知道它在上述意义上的"本性"。因此一个事物具有关系这个事实，不证明它的关系是逻辑必然的。换言之，仅仅从这个事实，即一个事物是其所是，我们不能演绎出它一定具有它事实上具有的那些不同关系。它之所以看上去是成立的，只是因为我们已经知道了它。

因此，我们无法证明作为一个整体的宇宙，如同黑格尔所相信的那样，形成了一个单一的和谐系统。而且如果我们不能证明这一点，我们也不能证明关于空间、时间、物质与恶的非实在性，因为这种非实在性是黑格尔从这些东西的片断性与关系性演绎出来的。因此，我们剩下的是对于这个世界的零碎研究，也无法知道远离我们经验的那些宇宙组成部分的特征。对于被哲学家的诸体系唤起希望的那些人而言，这个结果是令人失望的；对于我们时代的归纳与科学氛围而言，这个结果是和谐一致的；我们之前章节所进行的对于人类知识的整体考察，也证实了这个结果。

形而上学家们所推进的雄心勃勃的伟大理想，在大部分情况下都先要证明现实世界如此这般的外表特征都是自相矛盾的，因此也不能是实在的。然而，现代思想的整体趋势越来越趋向于表明，那些所设想的矛盾都是虚幻的，而且对于一定成立的东西的思考几乎都无法得到先验证明。对于这一点，空间与时间提供了很好的说明。空间与时间看起来是无限延展的，也是无限可分的。如果我们沿着一条直线的两个方向之一前进，难以相信我们最后会到达一个终点——这个终点之外一无所有，甚至没有空的空间。类似地，如果我们想象在时间中前行或后退，难以相信我们会到达时间的起点或终点，在此之外甚至没有空的时间。因此，空间与时间看起来是无限延展的。

再者，如果我们选取一条直线上的两个点，那么显而易见的是，无论两点之间的距离多么短，它们之间一定存在着其他的点；每一段距离都可以加以半分，这些半分区间又可以被半分，反复无穷。类似地，在时间中，无论两个时刻之间流逝的时间有多么短，显而易见的是，它们之间还有其他时刻。因此，空间与时间是无限可分的。然而，在反对这些明显事实（无限延展与无限可分）的同时，哲学家们提出的论证却倾向于表明不存在事物的无限集合，以及表明在这种情况下空间点的数量或时间时刻的数量一定是有限的。因此，在空间与时间的明显特征和所设想的无限集合的不可能性之间，出现了一个矛盾。

康德第一个强调了这个矛盾，演绎出空间与时间的不可能性，他宣称空间与时间是纯粹主观的；在康德之后，非常多的哲学家相信空间与时间是纯粹表象，而不是对于世界实际情况的刻画。然而现在得益于数学家们的成果，尤其是乔治·康托尔①，无限集合的不可能性看上去是一个错误。它们事实上不是自相矛盾的，而只是与某些相当顽固的心灵偏见产生了矛盾。因此，关于空间与时间的非实在性的那些理由，变得不再起作用，形而上学的构造物的一种主要源泉也就干涸了。

然而，数学家们并不满足于表明空间如通常所设想的那样是可能的；他们也已经表明：只要逻辑能够加以证明，许多其他形式的空间同样是可能的。一些欧几里得公理，在常识看来是必然的，之前也被哲学家视为必然的，人们现在知道，这些公理之所以表现出了必然性，仅仅是来自我们对于现实空间的熟悉，而不是来自任何先验的逻辑基础。通过想象这些公理为假的世界，数学家们使用逻辑来纠正常识的偏见，并且表明一些空间也是可能的，它们与我们所生活于其中的空间有所不同。一些空间和欧几里得空间的区别是很小的，后者只涉及我们所能测量的距离，以至于不可能通过观察发现我们的现实空间是严格意义上的欧几里得空间，还是其他类型的空间之一。因此，情况被完全颠倒了。以前，经验似乎只留给逻辑这唯一一种空间，而逻辑表明这一种空间是不可能的。现在，逻辑以独立于经验的方式提出了许多种可能的空间，并且经验只在它们之间的一部分起到决定性的

---

① 乔治·康托尔（Georg Cantor，1845—1918），著名集合论学家。

作用。因此，我们关于所是的东西的知识比起之前所设想的而言变得更少，我们关于所可能是的东西的知识却急剧增加了。我们不是被封闭在狭窄的墙里只能去探索每一处角落与缝隙，而是发现我们自己处于一个充满自由可能性的开放世界，其中许多事物依然是未知的，因为要知道的东西太多了。

在空间与时间这个案例中所发生的情况，在其他方面也以某种程度发生着。采用先验原则方式去规定这个宇宙的努力已经破产了。逻辑不再像从前一样是可能性的障碍，它成为这种幻想的伟大解放者，它带来了被未经反思的常识封闭的无数选项，它留给经验一个任务——如果抉择是可能的，那么经验可以在逻辑供我们选择的许多世界之中进行选择。因此，对于存在之物的知识，被限制在我们从经验能够学习到的东西之中，而不是被限制在我们所实际经验到的东西之中，因为如同我们已经看到的那样，存在着关于我们没有直接经验的事物的许多描述知识。但是在一切描述知识的案例中，我们都需要普遍物之间的某种联结，它使得我们能够从如此这般的材料中推导出属于我们的材料所蕴含的某种类型的一个对象。因此，对于物理对象，打个比方，感觉材料是物理对象的标识这个原则自身就是一种普遍物联结；只有基于这个原则，经验才能够使我们获得关于物理对象的知识。相同情况也适用因果律，或者即使下降到不那么一般的东西，也适用诸如万有引力定律的那些原则。

诸如万有引力定律的那些原则是能够通过某种完全先验

的原则——如归纳原则——而得到证明的，或者更确切地说是高度可能的。因此，我们的直观知识是所有其他真理知识的来源，它有两种类型：纯粹经验知识与纯粹先验知识。前者告诉我们的是我们所亲知的特殊物的存在及一些性质；后者给我们带来的是普遍物之间的某种联结，并且使得我们能够借助于经验知识所给出的特殊事实做出推论。我们的派生知识总依赖于某些纯粹先验知识，并且通常也依赖于某些纯粹经验知识。

如果上述说法是成立的，那么哲学知识与科学知识是没有本质差异的；不存在某种特殊的智慧源泉只对哲学开放，而不对科学开放，并且哲学所取得的成果与科学所取得的成果也是没有根本差异的。哲学的本质特征是批判（criticism），它使哲学成为一门不同于科学的学问。它批判地考察了科学与日常生活所采用的原则；它要找出任何可能存在于这些原则之中的不一致之处，并且它只在没有出现反对理由的情况下接受它们作为批判性探究的结果。如同许多哲学家所相信的那样，如果作为科学基础的那些原则在剥离不相关的细节的时候，能够给我们关于作为整体的宇宙的知识，那么这些知识将与科学知识一样要求我们相信它；但我们的探究未曾发现任何这样的知识，并且因此对于那些更加无畏的形而上学家的具体学说而言，这种探究的结果大体上是否定的。但对于通常被接受为知识的东西而言，我们的结果大体上是肯定的：我们找不到理由去拒斥作为批判结果的这样一些知识，我们也不认为有理由去假设人们无法具有他们一般情况下相信其所具有的那种知识。

然而，当我们把哲学视为一种知识批判的时候，我们有必要加以一定的限制。如果我们采用完全怀疑的态度，把自身完全置于一切知识之外，随之要求从这种外在的位置回到知识领地之内，那么我们就是在追求不可能得到的东西，我们的怀疑论也无法被驳倒。因为所有的反驳都必须始于争论者所共有的某些知识，没有论证能够始于一种空泛的怀疑。因此，如果想要取得某种成果，哲学所运用的那种知识批判一定不能是这种破坏性的类型。对于这种绝对怀疑论，人们提不出任何能够驳倒它的逻辑论证。但不难看出，这种怀疑主义是不合理的。开启了现代哲学的笛卡尔的"方法式怀疑"不是这种类型，而是一种被我们断言为哲学本质的怀疑论。他的"方法式怀疑"包含了对于所有看似可疑之物的怀疑；对于每一个看似成立的知识，都要步步为营，通过反思和询问他自身是否能够确定他确实知道它。正是这种批判构成了哲学。有些知识，诸如关于我们感觉材料的存在的知识，无论我们对它的反思是多么冷静与透彻，看上去都是无可置疑的。对于这样一些知识，哲学批判没有要求我们应该放弃相信它。但是，存在着一些信念，它们在我们开始反思之前都是成立的，例如物理对象完全相似于我们的感觉材料这个信念；但是如果仔细进行探究的话，它们就会消失不见。哲学要求我们拒斥这些信念，除非发现了支持它们的新论证。但是如果有些信念，无论我们如何仔细地考察它们，看起来都没有遭遇任何反对意见，那么拒斥这些信念不是合理的，也不是哲学所提倡的。

简言之，我们所追求的这种批判不在于无需理由加以拒绝，而在于考察每一个看似成立的知识的长处，并且在这种考察完成的时候依然保有表现为知识的东西。我们必须承认，某种错误风险仍然是存在的，因为人类是会犯错的。哲学可以正当地申明它降低了错误风险，而且在某些情形下它使这种风险变得非常之小，以至于在实践上可以忽略不计。在一个必定出现错误的世界中，想做的比这更多是不可能的；不止于此，任何审慎的哲学倡导者都不会声称曾做的比这更多。

第十五章　哲学的价值

　　现在，我们对于哲学问题简短且非常不完整的考察已接近尾声，在结语部分我们不妨考虑一下，哲学的价值是什么以及为什么应当研究哲学。鉴于事实上许多人在科学或实际事务的影响下往往会产生怀疑，比起那些无害但又无用的琐碎辨析和那些关于不可能产生知识的主题的争论，哲学是好不到哪里去的。所以，考虑这个问题是更有必要的。

　　这种哲学观，看起来部分源于对生命目的的错误观念，部分源于对哲学努力取得的那种益处的错误观念。借助于各种发明，物理科学对于无数完全不了解物理的人来说是有用的；因此，物理科学研究是值得推荐的，不仅仅（或不主要）因为它对学生的影响，更因为它对整个人类的影响。但这种效用并不属于哲学。如果哲学研究对哲学学生以外的其他人有任何价值的话，那么它必定只能通过影响那些研究哲学的人的生活来间接实现。因此，哲学的价值必须首先从这些影响中加以寻找。

但是，进一步而言，如果我们不想在确定哲学价值的努力中遭遇失败，我们就必须首先使我们的心灵摆脱那些被误称为"实用者"的偏见的影响。"实用者"，正如这个词经常被使用的那样，是指只承认物质需求的人，他意识到人必须为身体提供食物，但忽略了为心灵提供食物的必要性。即使所有的人都富裕起来，即使贫困和疾病已经降到了不能再低的程度，要创造一个有价值的社会，依然有许多工作要做；即使在现存世界中，心灵的益处至少与身体的益处是同等重要的。哲学的价值只能在心灵的益处中找到。只有那些对这些益处不是漠不关心的人才能被说服，才能相信哲学研究不是浪费时间。

哲学与所有其他的研究一样，主要以知识为目标。哲学的目标是追寻为科学体系提供统一性和系统性的那种知识，是通过批判地考察我们的主张、偏见和信念的基础而产生的那种知识。但是，我们不能认为哲学在试图为其问题提供明确答案这个方面已经取得了巨大的成功。如果你问一位数学家、矿物学家、历史学家或其他任何有学识的人，他的科学已经确立了哪些真理，那么只要你愿意聆听，他就会一直讲下去。但如果你向一位哲学家提出相同的问题，只要他是坦诚的，他将不得不承认他的研究没有取得其他科学已取得的那样一些积极成果。的确，这个情况可以通过如下事实而部分地得到解释：一旦关于某个学科的明确知识成为可能，该学科便不再被称为"哲学"，而是成为一门独立的科学。关于天体的全部研究现在属于天文学，但是过去包括在哲学之中；牛顿的伟大著作曾被称为"自然哲学的数学原理"。同理，关于人类心灵的研究曾经是哲学的一部分，现在已经从哲学中分离出来成为心理科学。因此在很大程度上，哲学的不确定性不仅仅是真实的，更是明显的。那些已经能得到确定答案的问题被归入了科学，只有那些目前还不能得到确定答案的问题被保留下来，形成了被称作"哲学"的学术领地。

然而，这只是关于哲学的不确定性的部分真相。如我们所见，有许多问题，其中包括那些对我们的精神生活具有深远意义的问题，必定是人类理智无法解决的，除非人类心智的力量变得与现有情况完全不同。宇宙是否有着某个统一的计划或目的，或者它只是原子的偶然汇集？意识是宇宙的永恒成分吗？意识给智慧的无限增长带来了希望，抑或是一个小小星球上的短暂事件，在这个星球上生命终将变得不可能？善恶是对全宇宙重要还是只对人类重要？哲学提出了类似的问题，不同的哲学家也给出了不同的答案。但是，无论答案是否可以通过其他方式发现，哲学所提出的答案似乎都不能被证明为真。然而，无论找出一个答案的希望多么渺茫，哲学工作就在于继续思考这样一些问题，使我们意识到它们的重要性，考察解决这些问题的一切方法，并保持对于宇宙思索的兴趣——这种兴趣在我们受限于可以被明确肯定的知识的情况下是有可能被扼杀的。

许多哲学家确实认为，哲学可以确定这些基本问题的某些答案为真。他们认为，宗教信念中最重要的东西可以通过严格的论证来证明为真。为了对这样一些努力做出判断，有必要对人类的知识进行考察，并对其方法和局限性形成一个意见。对于这样一个主题，独断地发表意见是不明智的；但是，如果前面几章的探讨还没有让我们误入歧途的话，我们就不得不放弃那种为宗教信念找寻哲学证明的希望。因此，我们不能把对于这些问题的某种确定答案作为哲学价值的一部分。因此，再次重申，哲学的价值一定不取决于那些哲学研究者所获得的某个可以明确肯定的知识的假想体系。

事实上，哲学的价值在很大程度上源于它的这种不确定性。一个缺乏哲学熏陶的人，一生都被囚禁在偏见之中，这些偏见来自常识，来自他的时代或民族的习以为常的信念，来自未经审慎理性的赞同或许可便已在心中滋长的信念。对这样的人来说，世界往往是确定的、有限的、一目了然的；通常的对象无法引出他的任何问题，陌生的可能性则会被轻蔑地拒绝。与此相反，只要我们开始进行哲学思考，我们就会发现，正如我们在开头几章中看到的那样，即使是最日常的事物也会产生问题，而对这些问题只能给出非常不完备的答案。哲学虽然不能以确定的方式告诉我们它所引起的疑问的真正答案是什么，但是能够提出许多可能性，从而扩展我们的思想并使之摆脱习俗的束缚。因此，对于事物是什么，哲学减少了我们的确定感，与此同时，对于事物可能是什么，哲学大大增加了我们的知识；它消除了那些从未进入自由怀疑环境的人所具有的那种多少有点傲慢的独断论，通过展示熟悉事物的陌生之处，哲学保持了我们的好奇感。

　　除了揭示未曾想到的可能性这种功用，哲学还有一种价值，也许是它的主要价值，这种价值源于哲学沉思的对象是伟大的，而且这种沉思还使人摆脱了狭隘的个人目标。受制于本能之人的生活禁锢在他私人利益的圈子里：家庭和朋友可能包括在内，但外部世界是不会被关注到的，除非它可能有助于或有碍于本能愿望的实现。与平静自由的哲学式生活相比，这样的生活是狂热的和封闭的。本能利益的私人世界很小，它围于一个强有力的大世界之中，这个大世界迟早会摧毁我们的私人世界。除非我们能把利益扩大到将整个外部世界包括在内，否则我们就会像被围困在堡垒里的守军一样，知道敌人阻断了我们的退路，也知道最终投降是不可避免的。在这样的生活中，没有平静，只有在欲望的执念与意志的无力之间的不断挣扎。无论如何，如果我们的生活要变得伟大且自由，我们就必须逃离这个牢笼和这种挣扎。

　　一种逃离的方式就是进行哲学沉思。在它进行最宏大的研究的时候，哲学沉思也没有把宇宙分成两个敌对的阵营

——朋友和敌人，有益的和有害的，好的和坏的——它不带偏见地看待整个宇宙。只要哲学沉思是纯粹的，它的目标就不在于证明宇宙的其余部分是类似于人的。所有知识的获得都是自我（the Self）的一种扩展，但这种扩展在不直接寻求的时候是最容易实现的。当求知的欲望是单独起作用的时候，通过一种研究——这种研究事先没有期待其对象应该具有这样或那样的特征，而是使自我适应它在对象中发现的特征——这种扩展得以实现。这种自我扩展是无法实现的，如果我们认为自我就如其所是，并且力图表明世界与自我是如此相似，以至于在完全不承认那些看起来有所差异的事物的情况下也可能获得关于世界的知识。想要证明这一点的这种愿望是一种自我断定（self-assertion），就像所有的自我断定一样，它妨碍了自我的成长：自我渴望成长，也知道它能够实现成长。在哲学思辨以及其他过程之中，自我断定将世界视为实现其自身目的的一种手段；因此，它使得世界不如自我有意义，并且自我为世界的价值设定了一个界限。与之相反，在沉思中我们从非我（non-Self）开始，通过它的伟大，自我的边界被扩大了；通过宇宙的无限性，沉思宇宙的心灵也实现了对于无限性的某种分有。

出于这个原因，灵魂的伟大不是那些将宇宙同化为人（Man）的哲学所培养出来的。知识是自我与非我的一种结合；就像所有的结合一样，它也受到支配因素的损害，因此它也受到任何强迫宇宙与我们在自身发现的东西保持一致的企图的损害。对于这种观点，有一种普遍的哲学倾向告诉我们，人是万物的尺度，真理是人造的，空间、时间以及普遍物世界都是心灵的性质；如果存在着某种不是由心灵创造的东西，那么它是不可知的，对我们而言也是无关紧要的。如果我们之前的讨论是正确的，那么这种观点是不成立的；但除了不成立，它的影响还在于剥夺了一切赋予哲学沉思价值的东西，因为它束缚了对自我的沉思。它所谓的知识不是与非我的结合，而是一套偏见、习惯和欲望，在我们和外部世界之间蒙上了一层难以穿透的纱。沉迷于这种知识理论的人，就像担心自己的话可能不是法律故从不迈出家门的人。

与此相反，真正的哲学沉思，在非我的每一次扩展中，在一切放大了沉思对象因而也放大了沉思主体的事物中，发现了它的满意之处。在沉思中，任何个人的或私人的事物，任何依赖于习惯、私利或欲望的事物，都扭曲了沉思对象，也因此破坏了心智所寻求的那种结合。通过以这种方式在主体和对象之间设置障碍，这些个人的或私人的事物变成一种心智的牢笼。在那种纯粹且专注的对知识的渴望中——知识被视为非个人的、纯粹沉思的、人类可能达到的，自由的心智之所见将如上帝之所见，没有此地（here）与此时（now），没有希望和恐惧，没有惯常信念与传统偏见的束缚，镇定而冷静。因此，比起源于感觉的知识，自由的心智也将更为看重抽象和普遍的知识。后者无关个人遭遇到的偶然事件，前者必定依赖于一种完全个人的视角，也依赖于一个身体——身体的感觉器官所扭曲的东西与它们所揭示的东西一样多。

习惯于哲学沉思所带来的自由与公正的那种心灵，将会在行动和感情的世界中也保持同样的自由与公正。它将把它的目的和愿望视为整体的一部分，而且因为它们被视为一个世界的无穷小碎片——在这个世界中其余的一切都不受任何人的行为影响，所以它不会固执己见。在沉思中，这种公正是对于真理的纯粹渴望，它与一种心灵品质是完全相同的，这种品质在行动中是正义，在感情中是博爱——这种爱可以给予所有人，而不仅仅是那些被认为有用的或可敬的人。因此，沉思不仅扩展了我们的思想对象，也扩展了我们的行动和情感对象；它使我们成为一位宇宙公民，而不仅仅是一堵与其他一切相对立的围墙中的一位公民。人的真正自由，就在于这种宇宙公民的身份，在于从狭隘的希望和恐惧的束缚中解放出来。

因此，总结一下我们对哲学价值的讨论；研究哲学不是为了对它的问题有任何明确的答案，因为通常没有明确的答案被知晓为真，而是为了问题本身；因为这些问题扩大了我们对可能性的认识，丰富了我们的智力想象，减少了教条式框架所带来的心灵封闭之于思辨的影响；但最重要的是，通过哲学沉思的宇宙的伟大，心灵也变得伟大，并且变得有能力与构成其至善的宇宙相统一。

附录：德文版前言[①]

本书写于 1911 年，但是自那以后，我对于此处讨论的一些主题的看法经历了显著发展。这种发展几乎全然因为应用了我的朋友怀特海和我在《数学原理》中所采用的一个原则。在那部著作中，我们提出了一些依据来支持这种观点——诸如类与数这样的对象都只是逻辑构造。也就是说，

---

① 保罗·赫兹（Paul Hertz）提供了德译本［埃尔朗根（Erlangen），1926］。这个前言的英文原稿，如果有的话，也已经丢失了。这个版本基于的是易卜拉欣·纳贾尔（Ibrahim Najjar）和希舍尔·克尔康奈尔（Heather Kirkconnell）的翻译，这篇译文发表于《罗素》［伯特兰·罗素档案馆杂志（*The Journal of the Bertrand Russell Archives*）］1975 年春季第 17 期第 27 到 29 页。厄尔逊（J. O. Urmson）对它进行了略微修改，这里也采纳了这些修改。译者注：该杂志后来改名为 *The Journal of the Bertrand Russell Archives*。

代表这些对象的符号没有自己的指称，只有关于它们的使用规则；我们可以确定那些符号出现于其中的某一陈述的意义，但是作为意义的东西并不包含对应于这些符号的成分。因此，我们不得不以新的方式去应用被称作奥卡姆剃刀（Ockham's Razor）的这条原则，根据这条原则，如无必要，勿增实体。怀特海使我相信，物质这个概念就是这种多余类型的逻辑虚构，也就是说，物质能被看作一个由空间-时间连续体的不同部分之间相互联系的事件所构成的系统。存在着不同的方法来实现这一看法，不过迄今为止在这些方法之中加以抉择依然是非常困难的。怀特海在他的《自然知识的原则》（*Principles of Natural Knowledge*）和他的《自然的概念》（*Concept of Nature*）中采用了一种方法；我在《我们关于外间世界的知识》（*Our Knowledge of the External World*）一书中采用了另一种方法。按照这些提法，第一章和第二章关于物质的那些说法是需要加以改变的，尽管还没有达到看起来可能有的程度。

相同的方法与相同的原则，使得我做出了进一步的改变。在《哲学问题》中讨论知识的时候，我预设了主体的存在，并把亲知看作主体与对象之间的一种关系。现在，我认为主体也是一种逻辑构造。所产生的后果，就是人们必须放弃感觉与感觉材料这个区分；在这个问题上，我现在赞同威廉·詹姆斯与美国实在论学派的看法。我的知识论由此需要做出的那些改变，将会出现于我的《心的分析》（*Analysis of Mind*）。

在写作《哲学问题》的时候，广义相对论①还不是为人所知的，我当时也没有充分意识到狭义相对论的重要性。如果我当时考虑到了相对论②，我应该会以不同的方式进行表述。但是本书所考察的那些问题，大部分是完全独立于这个理论的，正常而言也没有受到它的决定性影响。

如果我是现在来写作这本书，我将不那么倾向于将某些伦理陈述视为先验的。如果我可以使用后来问世的凯恩斯先生的《概率论》，我应该可以对归纳给予更多的讨论。

在我看来，把这些改变写进这本书中是不可能的，因为上面所提到的这些观点完全依赖于逻辑演算，很难表述得使一般人都能理解。此外，比起单独解释这些改变自身而言，它们更容易被理解为这里所提出的理论的改变。因此，我认为最好是让这本书保持我 1911 年写它时的样子，所加上的这些关于后来研究的介绍性述评，则指出了这本书的不完善之处。

1924 年 11 月

---

① 译者注：广义相对论（General Relativity）是爱因斯坦在 1916 年提出的一种关于物质间引力相互作用的物理理论。狭义相对论（Special Relativity）是爱因斯坦在 1905 年提出的一种有别于牛顿时空观的新的时空理论。

② 在 1966 年 9 月 20 日他写给牛津大学出版社的编辑的一封信中，罗素在回答关于这本书（译者注：第二版的《哲学问题》）的封面设计的问题的时候，写道："在我看来，最适合这本书的封面，将会是一幅猴子从悬崖上跌落下来的图片，猴子喊叫着：'哎呀，我希望我没有读过爱因斯坦。'"他又添加了附言："这只猴子绝对不能看起来像我一样。"

参考读物

希望获得哲学基础知识的学生将会发现，比起从各种手册中得出一套全面的观点，阅读一些大哲学家的著作是更为容易且更为有益的。特别推荐如下读物：

柏拉图：《理想国》，尤其是第六卷和第七卷

笛卡尔：《第一哲学沉思集》

斯宾诺莎：《伦理学》

莱布尼茨：《单子论》（*The Monadology*）

贝克莱：《海拉斯与斐洛诺斯对话三篇》

休谟：《人类理解研究》

康德：《未来形而上学导论》

索引词

译后记

    当代学界重要罗素专家林斯基教授与维绅副教授的导言已经完美地帮助读者们了解到了罗素的《哲学问题》的主题与脉络。在这篇译后记里，我不打算以不同方式重复导言的工作，而是想写一下我对于翻译罗素作品的一些思考，这主要是因为罗素是一位"经常被提及"（often cited）但"几乎不被理解"（rarely understood）的学者。2008 年，我访问加拿大麦克马斯特大学罗素研究中心的时候，格里芬（Nicholas Griffin）教授也有类似的感慨，他也认为罗素是一位被熟知（well known）但不被真知（truly known）的哲学家。人们总是在谈论他的诺贝尔文学奖、他的中国之行、他的反战呼吁，但是罗素之为罗素，更在于罗素是一位顶尖的哲学家，是 20 世纪分析哲学浪潮的引领者，是逻辑主义的探险者，是当代哲学版图的基本构成部分。

理解罗素，最好的方式当然就是阅读罗素的原著。《哲学问题》就是一把非常好的开启罗素之门的钥匙。在简体中文学界，何兆武先生提供了两个《哲学问题》的汉译本（1959 年版与 2005 年版），新版本主要增加了英国哲学史家、牛津大学教授斯科鲁普斯基（John Skorupski）的导言，与罗素为 1924 年德文版新写的前言。2019 年和 2021 年又增加了两个新的译本，分别是贾可春教授译本和张卜天教授译本。从整体上看，何兆武先生的译本是影响最大的。何兆武先生的译本是 20 世纪 50 年代就完成的，七十多年过去了，我们国家的哲学学科有了长足的进步，对于哲学理论与哲学语言的认识发生了深刻的变化。中国的哲学教学与科研已经逐渐完成了规范化的过程，发生了翻天覆地的变化。术语的规范化与标准化建设已经提上了议事日程。一个对于术语翻译工作产生巨大影响的进步就是，以王路教授为代表的中国学者们逐渐认识到不同的哲学翻译源于不同的哲学理解，与此同时不同的哲学翻译也将产生不同的哲学理解。哲学经典作品的翻译，有必要体现术语规范化与理解专业化的进步。

我试举三个证据来说明这种必要性。一是"truth"的翻译。王路教授写过一本书《"是"与"真"：形而上学的基石》专门讨论"being"与"truth"的翻译问题，其他学者也有许多相关论述。在这里我不打算介入其中的理论论争，只想指出的是在何兆武先生的年代，这种术语翻译的统一性还没有得到足够的重视。在何兆武译本中，"truth"被翻译为"真""真理""真实""真相""真确性""正确""真值""真理性"等等。还有，在何兆武译本第十二章标题中，"truth"的反义词"falsehood"被翻译为"虚妄"。本译本尽可能地遵循术语统一性原则，将之翻译为"真"或"真理"。

二是"being"的翻译。与"truth"一样，"being"的翻译也是极富争议的。在20世纪汉译的西方哲学经典中，"being"基本被翻译为"存在"，这与另一个哲学概念"existence"是不加区分的。王路教授较早地揭示出being作为系词的主要功能。他的一系列作品，尤其是《一"是"到底论》使得国内哲学界认识到"being"翻译为"是"是比较恰当的。在《哲学问题》中，罗素除了大量讨论being与existence之外，还用了另一个也被译为"存在"的英文词"subsistence"（有的译本将其翻译为"实存"）。当一位读者在《哲学问题》中读到"存在"一词的时候，他会混淆于罗素究竟指的是哪个词，是"being"、"existence"还是"subsistence"？"subsistence"在本书中被翻译为"潜存"，指的是诸如关系等东西的本体论状态。

三是"universal"的翻译。现有的所有《哲学问题》汉译本在处理"particular"与"universal"的翻译时，都将其处理为"殊相"与"共相"。这种处理方式造成了一种哲学误会，即罗素是一个柏拉图主义者，尽管罗素也承认"universal"是以某种方式潜存的。实际上，作为现代逻辑的创始人之一，罗素所借助的是另一套概念体系与理论。1911年罗素在《论普遍物与特殊物的关系》（"On the Relations of Universals and Particulars"）一文中表明，他对这两个概念的思考是依托于现代逻辑的。在罗素看来，普遍物是关系词或谓词所代表的东西。本书将之翻译为"普遍物"的目的在于表明，罗素对于"universals""particulars"的理解与柏拉图是不同的，这种理解差异背后是逻辑与哲学观念的差异。

我完全认可《哲学问题》既有汉译本的贡献与价值，坦率地说，若论翻译的文采，何兆武先生显然是卓越的。本书也只是起到了添砖加瓦的作用，从不同侧面完善了《哲学问题》的翻译工作。本书的问世，要感谢中国人民大学出版社的杨宗元老师。她对于后进的提携与信任，是中国学术事业得以繁荣的优秀传统的体现。还要感谢相关编辑，他们认真细致的审校极大地提升了本书的质量。最后还要感谢林静霞、金凤琴、徐子涵等博士研究生，她们帮助校对了本书初稿的部分章节，也从读者角度提出了很好的修改意见。借用当代知识论的"序言悖论"，本书的错误在所难免，本人将承担所有责任。

郑伟平

厦门大学哲学系

2022 年 9 月 2 日星期五

图书在版编目（CIP）数据

哲学问题／（英）伯特兰·罗素
（Bertrand Russell）著；郑伟平译. -- 北京：中国人
民大学出版社，2024.9. -- ISBN 978-7-300-33140-9

Ⅰ. B561.54

中国国家版本馆 CIP 数据核字第 2024Q5S053 号

罗素哲学译丛
哲学问题
［英］伯特兰·罗素（Bertrand Russell）　　著
郑伟平　译
Zhexue Wenti

出版发行	中国人民大学出版社	
社　　址	北京中关村大街 31 号	**邮政编码**　100080
电　　话	010－62511242（总编室）　010－62511770（质管部）	
	010－82501766（邮购部）　010－62514148（门市部）	
	010－62515195（发行公司）010－62515275（盗版举报）	
网　　址	http://www.crup.com.cn	
经　　销	新华书店	
印　　刷	涿州市星河印刷有限公司	
开　　本	890 mm×1240 mm　1/32	**版　次**　2024 年 9 月第 1 版
印　　张	6.375 插页 4	**印　次**　2024 年 9 月第 1 次印刷
字　　数	120 000	**定　价**　59.00 元